U0003839

LOCUS

LOCUS

mark

這個系列標記的是一些人、一些事件與活動。

mark 153
瀕窮女子——正在家庭、職場、社會窮忙的女性
(ルポ 貧困女子)
著　飯島裕子
譯　洪于琇

編輯　連翠茉
校對　呂佳眞
美術設計　許慈力
出版者：大塊文化出版股份有限公司
台北市105南京東路四段25號11樓
www.locuspublishing.com
讀者服務專線：0800-006689
TEL：(02) 87123898　FAX：(02) 87123897
郵撥帳號：18955675
戶名：大塊文化出版股份有限公司
e-mail:locus@locuspublishing.com
法律顧問：董安丹律師、顧慕堯律師

總經銷：大和書報圖書股份有限公司
地址：新北市新莊區五工五路2號
TEL：(02) 89902588 (代表號)　FAX：(02) 22901658

初版一刷：2020年3月
定價：新台幣 350 元
ISBN 978-986-5406-54-7
Printed in Taiwan

瀕窮女子

在家庭、職場、社會窮忙的女性

飯島裕子 著
洪于琇 譯

推薦——不是她們，是我們

朱剛勇　NGO「人生百味」共同創辦人

永遠「不夠好」的她

我一直記得她告訴我們，現在是她人生難得自由的時候。這個「現在」，是阿秋阿姨成爲街友的不知第幾個十年。阿秋年幼時家境並不寬裕，她很早便開始工作，下田、進工廠、打工，以上學的時間交換，支撐起一家人的生活。後來她嫁到另一個縣市，從女兒身分轉換成妻子、媳婦、母親，爲新的家付出、奉獻，卻仍遭受到越來越嚴重的暴力對待。

當阿秋在長年吞忍後，終於從第二個家逃出，開始可以爲自己而活，卻也幾乎一無所有，連住的地方都沒了；睡在無牆無門的室外，除了無法遮風擋雨，也躲不開社會的不友善，阿秋時常遇到陌生人對她劈頭就問：「妳爲什麼不回家？」「妳怎麼不多體諒丈夫婆家？」我們出生時，長壽劇《阿信》才剛完結。第一次聽到阿秋姨的故事時，直覺得不可思議；那些遭遇彷彿來自古早時，或戲劇，女性生來必須擔任各種角色，這些角色從不屬於她自己。

然後我們遇見了敏敏，一位年紀與我們相仿的單親媽媽。她在二十歲時與當時有穩定工作、不菸不酒的男友結婚，生了四個孩子。婚後卻仍遇到家暴。敏敏帶著四個孩子，毅然決然地離婚，回到她的原生家庭與家人住。現在的敏敏上午陪著遇到學習挫折的其中一個孩子上學、待在教室讓他安心。放學後，再把所有孩子一起接回家照顧。

陪伴孩子長大是敏敏的期待，卻仍不斷遭受他人的質疑，「妳該去工作養家，才能讓孩子有好的榜樣。」「當初為什麼不考慮清楚？妳太早結婚了，還生這麼多。」

活在不同世代的阿秋和敏敏，際遇與選擇不完全相同，面臨的卻是同一種檢視眼光，督促她們扮演好角色，尤其在家庭中。若不符合對盡責女兒、妻子、媳婦、母親的想像模板，似乎這些女生便理應接受生活困頓等後果。

她們，其實也是我們

二〇一八年初，團隊展開了女性無家者陪伴計畫，固定上街陪伴在火車站、公園與捷運站外露宿的女性。除了日常生活困難的協助外，也記錄下她們的故事——關於那一段段自家庭脫落，來到街頭，一邊與過往傷痕抗衡，一邊在當下嘗試與之共存的過程。

雖然我們主要陪伴的是露宿街頭的女性，藉由她們的引領、指路，又發現了更多女性掙扎求生的灰色地帶，例如簡陋破舊的租屋、以低消換取在位子上打盹的速食店、網咖，或依附在關係中交換資源、庇護。台北市目前無家者列冊人數近七百人，男女比例爲九比一，女性乍聽是相對少數落入無家谷底的一群人；然而，正在墜落的人們，遠遠超越了這數字。

「人是怎麼掉落的？」這始終是行動者內心的叩問。我們期待透過記錄、研究，能尋獲社會中被隱蔽的裂縫，將其補足，使人不再落入街頭。然而，接觸到愈多人，卻愈感受到每段生命的歧異：有些人自幼家境便困苦，缺少了改變的資源，只能任由階級複製；有些人擁有不錯的學歷與工作經驗，卻在中年時做出不同人生規劃時，遭逢重挫；有人的情緒負荷超載，周圍的社群卻無法承接，導致人最後潰堤、產生精神疾病。

這些女生，其實跟妳我十分相似：我們可能剛好來自同一個家鄉，爲了生活漂至另個城市打拚；我們可能喜歡的東西很類似，於是常聚在一起聊電影、美食；我們可能都背著難以評估的風險重擔，若某日突然垮下，其實我們都不知道可以向誰求援；我們真的、真的像，期待的不過是一處收納自己的空間，安穩的生活，多的時間樂意分享給人。

《瀕窮女子》書中所收錄的訪談，是身爲女性都曾聽過，在生命歷程中艱難的選項：一定得結婚生子嗎？何時算是離家獨立的生活？如何爭取到有保障能養活自己的工作？沒想到眞的發生意外後，人竟會如此無招架、無處求援。

目前台灣在制度上對弱勢者的定義仍以兒童（十八歲以下）、年長（六十五歲以上）以及領有身心障礙手冊的障礙者爲主，這是墜落在灰色地帶的人們反而抓不到支持的浮木，只能持續墜落著。

邀請身邊的男性一起，面對共同的困境

社會的期待與壓力並非只降臨在女性身上。家父長制度同樣使許多生理男性，從小被賦予養家、傳宗接代，甚至要堅強、不可以展現脆弱等沈甸甸的期待。討論女性遭受的迫害時，常使人誤會這些迫害的對立面是男性。然而，在我們投入許多時間，一邊引出街頭女性長久被壓抑後的無聲，一邊也陪男性無家者整理他們的焦慮與受冒犯感。深深體會到：造成女性男性受傷害的，其實是同一個黑影，即是父權。

父權一詞，在學術領域有長久討論，日常生活中也不斷被提出。然而未有充分理解此一詞的意涵、成因，以及影響範圍；建立在這樣的共識基礎下，雙方的討論才有意義——若我

們對於討論的期待是找到出路的話。

關於「貧困女子」大可以使用煽情的方式，勾起女性面臨共同困境時的憤慨，進而激起正反兩方的相互怒斥。然而本書作者選擇以嚴謹的方式書寫，大量採訪、補上看似是單一事件後，那共同的時代脈絡，並佐以清晰數據，使人即便揪心，仍能守住分際，辨別道理。

在任何國度、性別上，壓迫的黑影只要未離開，我們便要盡力牽起手，使人不被遺落。

推薦——貧窮，是慢慢跌入的

賀照緹 紀錄片導演

收到《瀕窮女子》的書稿，一開始讀便停不下來，幾個人的影像一直出現在腦中。一個是日本電影《百元之戀》由安藤櫻主演的女主角一子，二是我在《未來無恙》片中記錄的兩個女孩。

《百元之戀》的一子，在影片的第一場爲貧窮女子提供了令人生恨的形象，繭居在家，社會化未完成，幾近自我放棄。看了《瀕窮女子》會知道，這樣的女性是眞實存在的一群人。

《瀕窮女子》的作者飯島裕子以調查報導的手法訪問了四十七位日本年輕女性，採用深度訪談的方式，進入她們的生命，她的筆觸很有影像感，好像在看紀錄片的拍攝腳本。

書中的她們從一層關係逃到另一層關係，譬如從家暴的原生家庭逃到同居關係，但所有的關係都是貧窮的，包括經濟上和心靈上的貧窮。

每一次的逃離都是社會關係的漏接，有的女性從互動不良的家庭，產生了精神症狀；有的從家庭逃到感情關係，受到情緒或肢體暴力；有的在學校受到霸凌，早早離校，生活堪虞；

有的成爲無家者，然後以援交賺取生活費；有的即使有正職工作，卻在血汗企業的壓力下，工作到倒地不起；有人在非典型雇用的環境長期窮忙；有的職業婦女在男尊女卑的壓抑下，在家務和職場兩邊不討好。

「失去連結」是一個重要的警訊：家人之間關係冰冷、被霸凌沒去學校、沒朋友、沒工作……因爲沒有互相連結的環扣，一步一步走向貧困。

這裡面每一個環扣的漏扣，都是社會安全網的破洞。從第一個洞跌進去，發現破洞連著破洞。走在都是坑洞的路上，人很難不跌第二跤、第三跤……跌了好幾跤之後，終於再也爬不出去。這就是所謂的結構性貧窮。

我在拍紀錄片《未來無恙》的時候，有一個感觸很深的理解：結構性貧窮是盤根錯節的。世人往往歸罪當事人，好手好腳爲何不去工作？有病就要看醫生啊！打起精神來不要再混下去了！常常這些話語來自上一個世代，認爲他們的下一代過於軟弱。然而就經濟發展的軌跡來說，台灣也步上了日本的後塵，經濟榮景已經離開，青壯年世代再難創造累積財富的機會。泡沫經濟和非典型雇用成爲世代必須面臨的常態。

在這樣的大背景下，日本女性的貧窮問題，成爲很難數字化的現象，所以作者才說「女性的貧窮只是很難被看見而已」。

因此，這本書提供了統計資料和分析，讓一步步跌入貧窮的女性被看見，也提供了訪談故事，讓窮困女性的生存場景具象化。這些問題透過書寫而顯色，終於能呈現在世人面前。

目次

序章

何謂女性貧困

貧窮女子登場！

二〇一一年十二月，《朝日新聞》以一整面頭版刊登了「單身女性三人中有一人貧窮」的報導。內容提到國立社會保障·人口問題研究所二〇〇七年根據「國民生活基礎調查」計算相對貧窮率，得出日本二十歲到六十四歲的單身女性中，有三二%的人可支配所得不到國民人均的一半（二〇〇七年時爲不到一百一十四萬圓）。

六十五歲以上的高齡女性以及單親媽媽的情況更爲嚴重，貧窮率皆達到五〇%。報導出來後，較罕爲人所注目的是二、三十歲的年輕單身女性。

她們被稱爲「貧窮女子」，經常在週刊雜誌和新聞八卦節目等媒體中被討論。〈咦！三個人中有一個！持續遭到忽略，女性貧窮問題的窘境〉（《日經經濟ONLINE》，二〇一一年十二月）、〈你身旁也有「貧窮女子的窮困生活」〉（《FRIDAY》，二〇一二年三月）、〈貧窮女子與富裕女子〉（《AERA》，二〇一二年四月）、〈走投無路的女性〉（NHK，

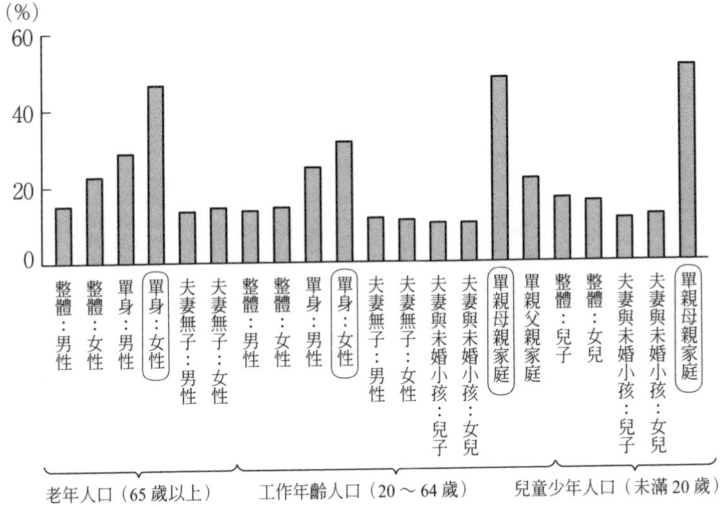

（註 1）相對貧窮率為不到「可支配所得中位數」一半的人口比率。
（註 2）調查年份爲 2009 年。
資料來源：內閣府性別平等局《平成 24 年（2012 年）性別平等白皮書》。

圖序-1　相對貧窮率——按年齡、家庭類型分（2010 年）

E電視 Heart Net TV《貧窮擴大社會系列》，二〇一二年四月）等。

原本期待或許可以藉由這些媒體的報導，揭露貧窮女子相對於年輕男性及單親媽媽較不容易被看見的窘境或是找到此一問題的解決線索。然而，「貧窮女子」不過是一股遭到消費的短暫風潮罷了。之後，「貧窮女子」雖然偶爾會得到一些關注，但時至今日，大家對於她們爲什麼會落入貧窮狀態都沒有深入結構性的問題，也一直沒有大動作的採取對策，提供幫助。

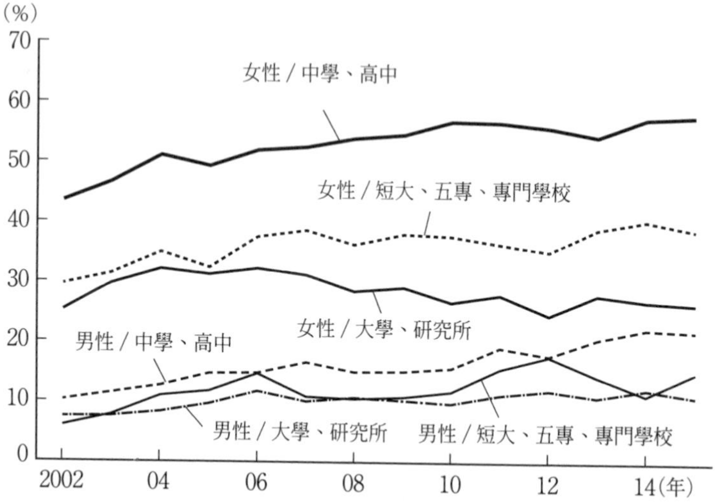

(註）非典型雇用者指的是兼職、打工、約聘人員、派遣工等以正職以外雇用型態工作的人。此圖爲排除公司董事後，其在總就業人數中所占的比例。2011 年不包含岩手、宮城、福島縣。

資料來源：小杉禮子（2015）。於年輕女性間蔓延的學歷差距。載於小杉禮子、宮本理子編著，《底層化的女性們》。勁草書房。

圖序 -2 25～34 歲男女非典型雇用者比率——按教育程度分

究竟，女性問題爲何會不同於年輕男性雇用非正規化及兒童貧窮問題，很少受到社會關注呢？

男性非典型（日本：非正規）雇用衝擊的背後

二〇〇〇年以後，日本社會持續每三個二、三十歲的年輕人中，有一人以上爲非正規勞工的狀態。大眾對年輕人雇用情形的惡化與相應而來的貧窮有了廣泛的認識。

媒體爲他們取了「飛特

族」、「尼特族」、「網咖難民」、「窮忙族」、「青年遊民」等各式各樣的稱呼，但登場的多爲男性。

人們印象中「炙手可熱的勞動力」男性、將來身爲一家之主必須養家的男性沒有正常的工作──這件事對日本人造成難以估計的衝擊，最後被視爲嚴重的社會問題。

然而，年輕女性一樣面臨雇用非正規化與相應而來的貧窮。一九九〇年代初期，年輕女性的非典型雇用率大約爲一〇％，之後急速攀升，如今已達到四〇％左右。

再進一步按性別來看，二〇一二年年輕女性（二十～二十九歲）非典型雇用率爲四二％，男性二八％，女性是男性一．五倍的高比例。此外，即使在非典型雇用中，男女的工資差距也很大。相較於男性的兩百二十二萬日幣，女性的一百四十七．五萬日幣大約停留在男性工資的六成左右（二〇一四年國稅廳「民間薪資實況統計調查結果」）。

儘管這樣的情況不停持續，與年輕男性相比，女性的貧窮和雇用問題還是一直沒有受到關注。

爲什麼她們會被忽略呢？

關於年輕女性貧窮遭到忽略這件事我也感到有些羞愧。我與透過販售雜誌幫助遊民自立的非營利組織——The Big Issue 基金會一起調查，訪問了五十位處於遊民狀態的年輕人，於二〇一一年一月出版了《報導：青年遊民》（筑摩新書）一書。

我開始進行訪問剛好是在二〇〇八年的夏天，全球金融海嘯發生的時候。年底，東京日比谷公園開設了「過年派遣村」，眾多無家可歸的人蜂擁而至。其中也有許多雖然曾以派遣員工的身分在製造業工廠工作，卻遭遇派遣中止，不得不從宿舍搬出去的人。

我也去了「派遣村」現場，然而來的人大都是男性，女性專用帳篷中只有寥寥數人隱身其中。媒體在年末年初間大肆報導「派遣村」的新聞，從那之後，大家開始漸漸將注意力放在非典型雇用與貧窮的問題上。

後來，我也前往都內舉辦的「救濟放飯」等活動，持續採訪青年遊民，但結果全是男性。與派遣村一樣，我雖然在救濟放飯等場合也有遇見女性，人數卻不多，也沒有看到年輕人。實際上，由於有許多女性隱藏外貌，不願引人注意，因此無法判斷這些人的年齡與性別。

也因爲我採訪的人全是男性，書籍出版後收到了許多這樣的疑問：「遊民沒有女生嗎？」「意思是女生比男生更不容易陷入貧窮嗎？」「性產業是不是成爲接收貧窮女生的地方了呢？」

對於很可能遭遇性侵害的女性而言，待在街上伴隨著巨大的危險。因此，不同於收容所稀少、無法輕易脫離街頭的男性，貧窮女子只要有需求，較容易進入女性保護設施與單親母子支援設施也是事實。

二〇一四年，大阪市爆出區公所職員對前來諮詢低收入戶生活補助的三十多歲女性說「妳去特種行業工作就好啦」的問題。職員過分的應對雖然令人訝異得無言以對，但認爲年輕女性有性產業這道「安全網」的人是否並不在少數呢？

女性絕對沒有比男性幸運，女性的貧窮只是很難被看見而已，她們的貧窮率反而比男性更高，處於更艱難的狀態——我一面這樣向讀者說明，一面對只能講出這種曖昧模糊答案的自己感到丟臉。

難以掌握的女性貧窮

女性，尤其是年輕女性的實際狀況究竟如何呢？我認爲自己也曾是當事人之一。因爲當時的我，處於三十多歲／女性／自由業這樣不穩定的狀態，並且還是單身。只要稍微行差踏錯，不知道自己哪一天也會陷入貧窮。

因此我決定訪問看看十五歲至四十九歲的單身女性。我拜託熟人和非營利組織相關人士介紹，大約從二〇一二年夏天開始一點一點地採訪。

我原以爲即使個人狀況因人而異，但只要認識的人多了，就可以看到彼此間類似的共通點。然而，實際上卻與預期相反，我一直都看不到貧窮的實況。不如說，我見到越多女性，就越陷入她們各自面臨的種種問題中，腦袋一片混亂。

不去學校後繭居家中沒有工作經驗、煩惱自己與同住家人之間的關係、因職場騷擾罹患憂鬱症持續就醫、沒有商量對象，孤立無援、爲周遭對自己沒有結婚生子的壓力感到十分痛苦等——每位女性的狀況都很嚴重。然而，這些卻讓人覺得像是個人引發的問題，而非貧窮和雇用關係崩壞這種社會結構上的問題。

儘管貧窮確實來到這些女性的身邊，但貧窮是否變成問題便因個人處境而異了。例如，即使是年收一百五十萬日幣，住在原生家庭或是一個人生活，情況就會不一樣。此外，就算在原生家庭裡生活，根據與家人的關係是否良好、是否要拿錢給家裡，狀況也會有所不同。

另一方面，年輕男遊民就較年輕女性容易看出他們的共通點或是問題本質。前文中我所訪問的男遊民裡，許多人都是低學歷（有半數是中學畢業或是高中肄業），自幼貧窮，沒有能依賴的家人。此外，雖然有八成的人擁有正規勞動的經驗，但幾年內便辭去工作，不停轉換不穩定的工作。一旦成為非典型雇用人員，特別是沒有學經歷的男性，便很難受到正式雇用。他們都有同一種模式：「靠製造業派遣或日薪派遣工作勉強餬口，因派遣中止而失去工作，被趕出宿舍或是無法支付房租，變成在網咖等地方生活」。

雖然也有男性住在原生家庭裡，卻因為家庭經濟並不寬裕，父母對兒子反覆飛特族、尼特族的生活抓狂，因而被掃地出門。不論何者，其共通點都是以失去工作或是雇用關係變得不穩定為導火線，而陷入貧窮和無家可歸的狀態。

女性的狀況也與雇用問題有關，但是不若男性會令人將雇用關係不穩定和失業連結到「馬上變窮」或「失去住處」上。因此，人們才會難以看見女性的貧窮。

連貧窮都沒資格的女性

在持續採訪中我發現了一件事，即「貧窮」和「雇用關係不穩定」在女性身上是預設值。

關於這次採訪的對象，除了「未婚、工作不穩定（非典型雇用或是無職）」外，我並沒有設定年收等條件。不過事後統計時，先不論目前無職的人，連正在工作的人也都是所謂的

「窮忙族」，年收在二百萬圓以下。這與根據就業結構基本調查所分析的，十五至三十四歲的女性非典型勞工中，有八成年收入未達二百萬圓的結果一致。

關於開頭介紹的「單身女子貧窮率」，首都大學東京統計數據的阿部彩說：「單身女子貧窮率並非於這幾年上升，反而是自二十年前便抵達高峰，之後逐漸下降。」我們不用舉出近年來不斷擴大的雇用與貧窮問題，便可以說女性從過去以來就一直與貧窮為伍。

儘管如此，為什麼女性的這種狀況一直沒有被視為問題呢？其中，存在著日本自戰後以來綿延不絕的「男性養家模式」。

據說，本書開頭的「單身女性中三人有一人貧窮」的報導出來後，阿部彩接到了大量的電話反應。

阿部彩回顧，「多數人表示：『女生堅稱自己貧窮像什麼樣子！』」可以說，這也反映了社會大眾有關「女性應該結婚便是男性的扶養人，怎麼會成為戶長，太荒謬了」這種普遍的想法。

其實，直到一九七〇年代中期為止，日本人的有偶率超過九五%，單身女性被當作「無法結婚的慘女人」或「離婚那種不成體統的女人」，貧窮並沒有被視為社會結構上的問題。

她們是「例外」，是「剩餘的人」（堅田香緒里〈社會保障、社會福利的排除與包容〉。載於山森亮（主編）《勞動再審⑥》，二〇一二年。大月書店。）。這種意識今日基本上也沒有什麼改變吧？我認爲儘管現實中檯面上對未婚者和離婚者的抨擊不算多，但單身女性面臨的生活困難卻被當作「讓女人惡化的問題」（雨宮處凜〈潛於空白的「女性貧窮」〉，《現代思想》四十卷十五號，二〇一二年），很少被當作是貧窮和勞動問題。

男性養家模式

在此，我想先簡單整理一下「男性養家模式」。

所謂的「男性養家模式」指的是以男性爲主要負擔家計者在外工作，女性則負責無酬的家事、育兒、照護等家庭內的勞動模式，也可以說是根據男女性別角色的分工吧。

不管怎樣，「男性養家模式」與日本式雇用制度可以說塑造了日本的勞動與家庭樣貌。日本的高度經濟成長期推動了只要成爲正職就保證終身雇用與年資薪水的日本式雇用制度。另一方面，做爲穩定雇用與薪資的交換，正職員工不得不長時間工作，無法承擔家庭內的勞動。

那麼誰要來接受這個角色呢？在許多情況下，便由收入不多的妻子選擇了以家事為主的生活方式，而這也符合了日本長期延續下來的家父長制觀念。國家也以配偶免稅和第三號被保險者等制度支持「男性養家模式」。

儘管如此，日本職業女性的數量依然與日俱增，在一九九二年超越了全職家庭主婦的人數。不過，這些職業女性中有一半以上是屬於所謂「主婦兼差」的非典型勞工。由於社會上以女性包含在男性經濟支柱下為前提，她們的勞動被視為貼補家用，無法得到得以自給自足的工資和待遇。就這樣，雇主一直利用非典型勞動的女性為雇用調節閥。

不過，實際上，女性非典型勞工並非全都是「主婦兼差」。許多時間上只能從事非典型勞動的單親媽媽，和獨自生活的單身女性也都從事非典型雇用的工作。然而，她們面臨的惡劣待遇卻都沒有被視為社會問題。因為她們是「例外」，也是「剩餘的人」。

女性長年面對的雇用關係不穩定、惡劣的薪資和待遇等非典型雇用的問題，是在二〇〇〇年前期年輕男性的雇用受到威脅時被揭露出來的。不過，日本女性的工作原本就以非典型勞動為主流，她們面臨的貧窮和雇用相關問題全都遭到忽略，至今依然是被捨棄的一群人。

女性活躍的推動與年輕女性

不過，「男性養家模式」如今正瀕臨崩毀。由於結婚對象人選以及父親的受雇狀況越來越惡劣，「男性養家模式」難以再繼續維持下去。在這種情形下，一直以來在「男性養家模式」中遭到抹殺的單身女性應該也能漸漸被社會大眾看到了吧。

另一方面，雖然我說「貧窮」和「雇用關係不穩定」是女性的預設值，但其實日本女性正職員工的工資逐年上升，與男性的工資差距也朝每年縮小的方向前進。女性的升（大）學率有飛躍性的成長，工作自給自足也是理所當然的事，生完孩子後依然能繼續工作的女性也與日俱增。政府二〇一五年施行的「女性活躍促進法」等，藉由施政重點移到女性身上，女性儲備幹部和主管的比例也持續上升。

不過，儘管人們的意識有所改變，社會上增加了許多目標自給自足的女性，但從女性非典型雇用率之高及薪資水準看來，還是顯出足以經濟獨立的工作非常有限吧。

再者，若是年輕女性便會牽扯上結婚、生子等關於組織家庭的複雜問題。在日本，有越來越多結婚生子後依然幹勁十足、持續工作的女性，另一方面，也有在不安穩的處境中，連組織家庭也不敢想像的人、期望結婚生子卻不順利的人、因爲周圍壓力而不斷削減身心的人。

在這樣的狀況下，女性走向了兩極化。

與大部分的人結婚生子後就會辭掉工作、走入家庭的時代相比，現代女性的人生選擇看起來變得更多元。也因此，女性之間不停分裂，即使同樣身爲女性，也似乎越來越不容易連結在一起了。

訪談概要

本書將以受訪女性描述的內容爲中心發展。

第一、二章著眼在家人身上。多數經濟不穩定的單身女性會住在原生家庭以維持生活。然而，家人常常有可能成爲醞釀各式各樣風險的存在。另外，也會在這裡思考過去在「家事料理」名目下經常遭到忽略的女性繭居問題。

第三、四章將目光移向勞動世界。第三章討論的是擁有正規雇用工作經驗的女性。日本已經充實了各式各樣支持女性參與勞動的法律，薪資也有所提升。不過，女性眞的變得更容易投入職場了嗎？本章將從工作到倒下的女性實況來思考。第四章則會看看接近半數的年輕女性所從事的非典型雇用工作。

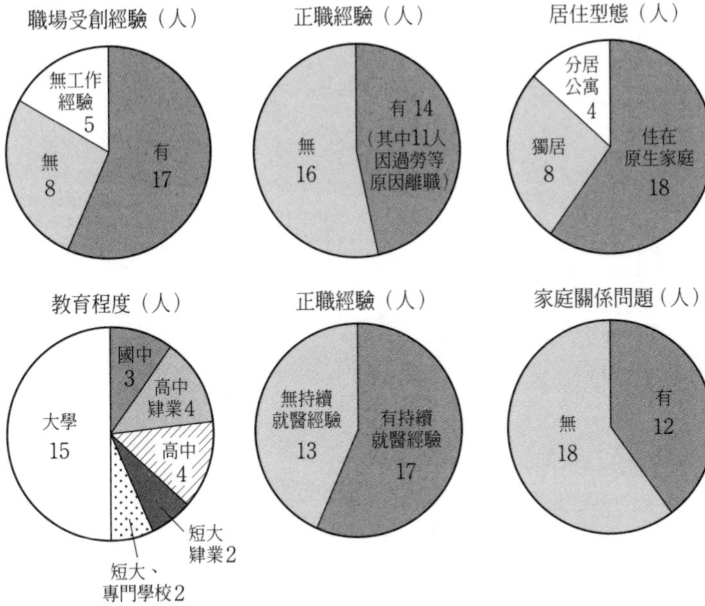

圖序 -3 「冰河期世代 30 人」調查項目

第五章討論結婚生子的相關問題。女性所面對的生活困難僅用勞動和貧窮是無法理解的。尤其對年輕女性而言，是否要跨越結婚、生子這條軌道將會成爲很大的分歧。同時，本章也會一起思考日本舉國推動的少子化對策會爲女性帶來什麼樣的影響。

第六章將探討因推動女性活躍而擴大的女性分裂和兩極化。在女性彼此很難連結的背景下，面臨困境的女性孤立無援，有時候也會外顯爲精神層面的問題。

終章將思考該如何改善女性的

處境。

進入本文前，我想先寫一下訪談概要。

我是在二〇一二至二〇一五年間斷斷續續進行單身女性的採訪。透過生活貧困者協助組織、工會團體、都道府縣等性別平等中心、熟人介紹來尋找對象，最後向十六歲到四十七歲，總計四十七人進行訪談。

本文中使用的名字皆爲化名，年齡則是採訪當時的年紀。此外，在此也先向讀者致歉，爲了保護當事人隱私，文中有時會改變受訪者的出生地等基本資訊。

受訪的四十七人中，有三十位女性（去除學生、單親媽媽）全數符合①屬於非典型雇用或無業、②年收不到兩百萬圓、③就職冰河期世代（一九七二年後出生）。因此，爲了掌握受訪者的整體樣貌，我稱這三十人爲「冰河期世代」，接下來我們再更進一步看看。

首先，從居住型態來看。三十人中住在原生家庭裡的有十八人，獨居者八人，四人住在分居公寓。此外，三十人中有十二人面臨家庭關係問題。目前工作中的有二十一人，其中十四人雖屬派遣等約聘人員，卻以近乎全職的型態工作，七人是一週數天，於限定的時間內工作。剩下的九人則正在求職中。

關於是否有工作經驗，有二十五人回以肯定的答案，剩下五人只有幾天的打工或是職業訓練經驗。在有工作經驗者中，有正職經驗者爲十四人。曾經在職場上經歷人際關係問題或職場霸凌等造成創傷者有十七人。

因心理疾病或障礙而有持續就醫經驗者爲十七人，超過總數的一半。其中五人領有精神障礙手冊。

從學歷來看，大學畢業者十五人，短大、專門學校畢業者兩人，短大肄業者兩人，高中畢業者四人，高中肄業者四人，國中畢業者三人，算是相對高學歷。

此外，有五人曾經領取過低收入戶生活補助。五人曾宿泊在公園、網咖等地方，經歷過遊民的狀態。

順帶一提，爲了探索這三十名受訪者的整體樣貌，本文中也將會以「冰河期世代三十人」的形式登場。

I

名為家人的危險安全網

只能在原生家庭生活

現於東京首都圈公立小學擔任代理老師的東彩加（二十四歲），原本打算大學畢業後便離開家裡。

她早早開始找工作，向超過一百家的公司投了申請表卻全軍覆沒。最後透過「Hello Work」（譯註：日本國家官方經營的職業介紹所，正式名稱爲公共職業安定所）好不容易找到的工作是兒童美語補習班。

「我一心一意認爲『只要是正職，哪裡都可以』而進了補習班，總而言之每天都很忙碌，從早上八點到傍晚是教學，晚上趕著處理行政事務，搭最後一班電車回家是理所當然的事。」

十五名員工中有六人是與彩加同期進入公司的新員工。這間補習班可以說就是所謂典型高錄取率、高離職率的「血汗企業」。據說，勞動基準監督署也曾因公司過高的離職率而介入調查，但狀況完全沒有改變。

「在不停搭最後一班電車回家的日子裡，我變得會突然哭出來，無法好好控制自己的情緒，我心想再這樣下去就糟了，於是就辭職了。」

彩加雖然馬上開始找其他工作，卻也擔心「如果又是血汗企業的話該怎麼辦……」而積極不起來。大約過了半年，她找到了公立小學代課老師的工作，前往應徵，獲得錄用。對喜歡小孩子的彩加而言，現在的工作很愉快也很有成就感。

然而，她的身分說到底只是個代課老師，實際收入一個月不到八萬日幣，加上一年一聘的關係，隔年也不保證能繼續被雇用。

「如果不是住在家裡，我可能就不會選這份工作了吧。我的父母也馬上就要退休了。我打算晚上兼差當補習班老師之類的，正開始找工作。」

有不少女性由於收入微薄只能依賴原生家庭才能過日子。然而，無法永遠依賴父母親的收入和年金也是事實。

山口多惠（三十歲）大學畢業後爲了追求成爲舞者的夢想，繼續住在家裡，同時也靠打工維持生活。多惠以舞者身分定期在舞台上表演，順利累積舞者資歷，但幾年前，父親的工作受到經濟不景氣波及，越來越不順利，多惠成爲家中仰仗的收入來源，開始身兼超市和餐

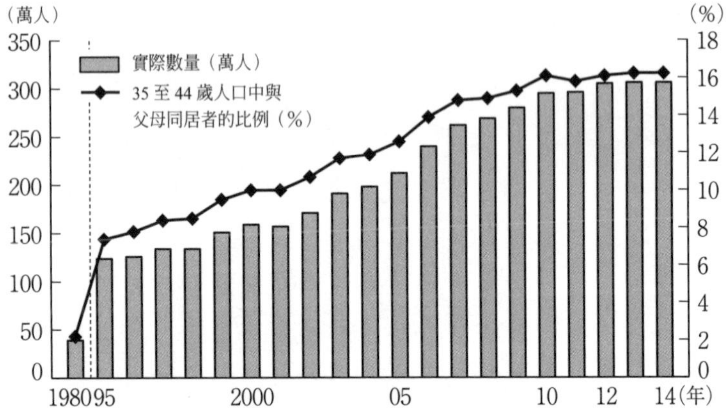

（註）每年皆爲 9 月的數值。
資料來源：西文彥。〈與父母同居的未婚者近況〉。總務省統計研修所。

圖 1-1 與父母同居的壯年未婚者（35 ～ 44 歲）數量變化

飲店的打工。

本來應該是最大安全網的原生家庭，瞬間搖搖欲墜。

「由於我打工資歷長，經常被找去幫忙，班表時間變得很長。我覺得收入會增加也很好，從一大早工作到深夜，加上同時跳舞的關係，整個人變得恍惚，也開始出現失眠症狀，去了醫院後診斷出來是憂鬱症。」

儘管不得不停止跳舞，但由於收入不能減少，多惠如今依舊持續在打工。

「原本考慮到都內的房租才會一直住在交通便利的家裡，沒想到事情會變成這樣……說我當初太天真還真的是太天真了。

一想到未來，我就萬般不安。」

單身男女中，與父母一起生活者的比例超過七成。這個比例逐年遞增，尤其是三十歲後段至四十歲前段這個區間，與父母一起生活的男女，一九八〇年接近五十萬人，二〇一二年則超過了三百萬人（圖1-1）。

進一步按所得階層來看可以發現，所得越低的年輕人住在原生家庭的比例越高。應該能想像，在經濟、生活各方面都依賴父母的「單身寄生蟲」，與歌頌優雅生活的「單身貴族」屬於不同階層吧？

二〇一四年，The Big Issue 基金會對年收未達兩百萬圓的年輕單身男女（未滿四十歲，學生除外）的居住狀況做了一項調查。調查顯示，其中四人裡有三人（七七%）與父母同住。從工作型態來看，正職者在八%以內，無業者占三九%，接著依序是兼差、打工三八%，約聘、派遣工九%，自營業、自由業六%。

從這個結果也能了解，對工作不穩定的年輕人而言，與父母同住表面上發揮了安全網的功能。或許也有人會批評他們：「因爲有爸媽的家才會不想工作」、「他們想要永遠寄生下去」吧。然而，從這項調查並無法得知這些人與父母等同居家人之間的關係如何。

單身寄生蟲的凋零

同項調查中，男女與父母的同居率幾乎沒有差別（男性爲七八．四%，女性爲七六．四%），有將近八成年收未滿兩百萬圓的年輕男性與父母同住——這應該是個很具衝擊性的事實吧。

當兇殺案的嫌犯是「無業」、「年輕男性」、「住在父母家裡」時，有時社會大眾也會對他們及其家人掀起強烈的批判攻擊。據說即使實際上與案件無關，他們也會先被貼上「嫌犯」的標籤。現實是，社會大眾對沒有穩定工作、住在父母家裡的年輕男性有強烈的負面印象，光是這樣就有可能以對待犯人的方式對待他們。

另一方面，與男性相比，女性無業或住在父母家裡這件事比較不會受到社會批判。曾經，女性「住在父母家裡」被視爲討喜的條件，甚至成爲就業和相親的條件。據說金融機關等地方爲了預防「挪用公款」，還將「品行端正、住在家裡的小姐」當作理想員工——儘管這個想法本身就是歧視女性——這樣的時代其實還在不久之前。此外，女性即使無業，也會用「新娘修業」和「家事料理」來掩飾，沒有被視爲一個問題。

泡沫經濟後，經濟上有餘裕的單身上班族女性在服裝打扮、旅行、飲食等方面花費金額最高，以擁有高額可支配所得之姿成爲鎂光燈的焦點，即使在行銷廣告世界中也一直是核心。

一九九七年，社會學家山田昌弘爲學校畢業後依舊與父母同住的單身男女取名爲「單身寄生蟲」——把父母當作寄生宿主，在經濟上依賴他們。也有連生活上料理、洗衣、打掃等全方面都徹底依賴的人。山田昌弘批評，由於婚後無法維持與在父母身邊時同樣的生活水準，因此這也與越來越多人未婚、晚婚息息相關。

然而，就像我開頭介紹的一樣，現在增加的不是爲了讚頌優雅單身生活，而是經濟上無法維持個人生活才不得不住在父母親家裡的人。也有不少人是因爲父母經濟拮据或必須照護而選擇同住。儘管所謂的單身寄生蟲數量不斷在增加，但其存在與這個詞所包含的意義正發生巨大的改變。

日本無論男女都朝未婚、晚婚前進。九〇年代，女性的終身未婚率（五十歲未婚率）大約演變至五%，二〇一〇年則達到了一〇%左右（男性爲二〇%）。女性的初婚年齡也在攀升，一九八〇年女性的平均初婚年齡爲二十五・二歲，二〇一四年上升至二十九・四歲。

過去被認爲「總有一天會結婚離開家裡吧」的未婚女性，即使年過三十還是沒有離開家裡。在大家漸漸未婚、晚婚的背景下，她們住在原生家庭的生活正前所未有的延長、無限期化。結果，有許多案例因此與父母等同住的家人關係越來越差。也有女性儘管面臨如此狀況也沒有其他地方可去，不得不緊緊抓住原生家庭這張扭曲的安全網。

令人坐立難安的原生家庭

派遣工羽鳥瑞希（三十六歲）與父母和妹妹四人一起生活，卻因爲與家人相處不順而煩惱。瑞希雖然正在尋找正職的工作，卻一直沒有得到公司錄取。

「這個社會，只要有一次非典型勞工經驗就無法輕易變回正職員工了。三十五歲之後，處境變得尤其艱難。」

瑞希畢業於理工大學，以儲備幹部身分進入了設計事務所，工作室位於東京，與男性並肩工作。然而，因爲每天加班搭最後一班電車回家的生活誘發了梅尼爾式症（Meniere's disease）[1]而離職。其後，她做過行政職位與客服中心的派遣，設計公司、影像相關技術人員等，一直在各式各樣的職場上工作至今。然而，據說每項工作都因爲契約到期、主管的職場騷擾、組織重整裁員等理由，沒待幾年就不得不離開。瑞希現任的派遣行政工作原本也是半年約，卻因爲部門決定收起來而縮短了契約。

瑞希說，最難熬的是工作中斷的那段期間。

「我的父母很嚴格，要求我無論如何都要給家裡錢。連妹妹都怪我：『我都有好好給錢，妳這樣太不公平了。』……工作中斷，我就去超市當展場銷售人員做日薪打工，以備給家裡的錢。」

據瑞希說，沒有工作的時候只能一整天待在家裡，但如坐針氈的狀態讓她心情無法放鬆。

「我媽很緊迫盯人，要我到外面工作、要我給家裡錢，但只要我因爲找工作晚歸，又會大發脾氣。不久前，我心想自己不能再一直鬱鬱寡歡而開始跑馬拉松，媽媽一開始是支持，某天卻突然說：『一把年紀不結婚也不工作，還住在父母家的人跑什麼馬拉松，實在太難看了，馬上給我停下來。』……」

瑞希從小就非常害怕情緒陰晴不定的母親，煩惱著和母親之間的關係，最後因爲暈眩和噁心感，連踏出房門都變得困難而前往身心科就診。醫師建議她離開家裡獨立。

「我從很久以前就想離開家裡，離開母親，但現在不停、不停中斷的派遣工作是無法讓

1 一種發生於人體內耳的疾病，其病理機轉尚未明朗，患者會出現暈眩、耳鳴等等與內耳相關的症狀。

我一個人生活的。或許不管怎麼樣只要出去就好，但我從來沒有離開過家，首先就會感到不安……」

逃離暴力

與父母一起住在家裡的小谷祐希（二十七歲），長年在父親暴力的恐懼中戰戰兢兢地生活。父親大約在祐希小學四年級開始施暴，當時的她因爲在校遭到霸凌經常拒絕上學。據說，身爲高中老師的父親不許祐希拒校，即使動用武力也想把她帶去學校。從缺席增加到上學遲到、成績下滑都一再觸碰到父親的逆鱗。

「他會揍我全身，也把我推下樓梯過。雖然成年後父親的暴力減少了，但我還是非常害怕面對他，只要稍稍碰到就像心臟被緊緊抓住一樣痛苦。」

祐希說，母親對父親過度的「教養」從來沒有發表過意見。

「他說：『妳這種人不早點學個一技之長是不行的。』完全不聽我的意願，逼我向可以取得照護員二級證照的高中提出申請書。」

祐希雖然去了那所高中，卻又開始不去上學，最後也沒拿到證照，以危險邊緣的出席率畢了業。

「我父親繼續干預我的生活，這次又說：『去拿電腦證照！』強迫我念短大。可是我的大腦跟不上，最後什麼證照也沒拿到。即使有畢業證書，不過那所短大好像因爲招生嚴重不足，現在已經倒閉了。」

祐希先前因爲成績勉勉強強對畢業不抱期待，在學期間完全沒有參與就職活動找工作。

「這次，我父母把家裡附近便利商店招募新店開張員工的傳單拿回來。因爲也沒有其他選擇，我就在那裡一週工作五天。」

但開幕生意興隆的便利商店，銷售額卻日漸下滑，祐希工作兩年左右，成了人力裁減的對象。

「我雖然有在找下一份工作卻找不到，所以決定註冊日薪派遣公司工作。我很常做街頭發傳單啦、拿宣傳看板那些工作。後來還有去手機組裝工廠，但因爲速度太慢被炒魷魚了。因爲日薪派遣不是每天都有工作，找不到工作時就只能關在家裡。」

祐希的父母當然不可能接受她這樣的狀況，語言暴力和行爲干預日益嚴重。某天，祐希下定決心離開家裡。

「我眞的受夠那種生活了。我打包行李，完全沒有餘裕思考自己幾乎沒有存款，這樣下去可能會變成遊民的境地。」

祐希說，她暫時在網咖和漫畫喫茶店、卡拉OK店這些地方過夜，存款見底後，也曾經露宿公園。

「雖然希望有誰來幫幫我，但又害怕去找警察後會被迫回家。我知道有類似家暴庇護所這樣的地方，但那時候以爲自己沒結婚就不能去。」

祐希說，曾經有路過的男子過來豎起幾根手指問她：「這樣怎麼樣？」

「我想要錢和睡覺的床，所以就和對方一起去旅館了。但也有人趁我沖澡的時候逃跑，沒有拿到錢。」

後來，是遊民相關團體的志工來到祐希露宿的公園拯救了她。祐希細細向志工說明遭到父親暴力對待等一直以來的緣由後，志工陪她一起到區公所申請了低收入戶生活補助。還好是那名志工發現了祐希，換作是他人，很有可能會要祐希回父母家吧。

「我有沒辦法搭手扶梯、害怕瓦斯爐、強烈不安感等症狀，現在正在看精神科。醫生說我是因爲學校霸凌、親子關係，還有露宿生活等各種事情，才會出現這些症狀。」

祐希說她最近接受了職業訓練，開始抓到了生活的節奏。

「我現在還是會做噩夢呻吟，政府正一步步削減低收入戶生活補助，如果他們要我『回到爸媽身邊』怎麼辦？一想到這，我就擔心得不得了。」

除了祐希，還有不少女性有孤身一人奔離家門的經驗。「冰河期世代三十人」中，五人有在公園和網咖過夜等形同遊民狀態的經驗。這五人原本都住在父母家，但因爲同居家人精神上、肉體上的暴力等因素逃離。在外生活幾天或幾個月後，有些人被家裡帶回去，有些人則遇到志工申請了低收入戶生活補助，也有人去區公所諮詢，在介紹下進入庇護收容所，狀況不一。

在外露宿伴隨著各式各樣的危險，尤其是女性的話，除了捲入犯罪的風險外，遭到性侵害的可能性也非常高，十分危險。從儘管如此也要離開家門的這些女性身上，我們可以看到簡直是「拚命」的覺悟。

徬徨街頭、無家可歸的女子

即使需要有「拚命」的覺悟，但只要是成年人就不會被迫帶回家裡，若是未成年，便有可能被當作「離家出走」，被迫回到父母身邊。

高中二年級的立花詩步（十七歲）由於無法忍受父親的性虐待而逃離家門。她從位於群馬的家裡前往澀谷中央街。

「我想說那裡晚上也有人來來去去，還有像我一樣的年輕人……雖然我們彼此沒有提到詳情，互相不是很清楚，但我和一樣無家可歸的女孩子，一起待到了天亮。」

詩步說她也曾住過網咖，但遇到大吼大叫的男性害怕得睡不著覺。詩步的父母在她小時候便離婚了，她與父親、奶奶和弟弟一起生活，但從來沒有和奶奶提過父親性虐待的事。

「我曾經鼓起勇氣和導師說，導師很認眞地聽完後，把父親叫來學校。可是父親堅持我說謊，說我只是爲了找大人麻煩而已……年輕的老師被爸爸哄過去，我明白跟誰說都沒有用，便看好家裡沒人的時機跑出來。」

身心殘破不堪的詩步夜晚徬徨街頭時，遇見了非營利團體的志工，接受了保護。然而，未成年的詩步想完全離開父親，必須向家庭法院申請「停止親權」，並獲得法院同意才可以。等著她的，還有一段嚴峻的漫漫長路。

儘管如此，在律師和志工無私的努力下，詩步確定進入青少年自立支援機構，現在正取回穩定的生活。儘管高中仍在休學中，但詩步希望有一天可以復學，爲曾經夢想過的護理師目標努力。

在澀谷中央街和新宿歌舞伎町等鬧區裡，有些聚集在街上直到天亮的年輕女生；深夜的速食店裡，一群化著濃妝看起來卻只有十幾歲的年輕女孩抱著小行李箱等大量行李，徹夜未眠。

乍看之下，無法得知她們是錯過了最後一班電車，還是處於無家可歸的狀態，但其中有許多是長期沒回家的女孩。或許有人會覺得她們單純只是行爲不良，或是離家出走之類的罷了，然而其中也有無處可去、好幾個月在街頭徘徊、被捲入危險中的女孩子。她們爲什麼會陷入無家可歸的狀態呢？

佐倉詩織（二十七歲）在與父親起了激烈衝突後跑出家門，從位於三重的老家來到了澀谷。身爲四兄弟姐妹中老么的詩織在單親爸爸的家庭中長大，母親於她升小學時自殺身亡，詩織是第一發現者。

「我到現在都還是會覺得，要是當初能再早一點發現就好了……溫暖的食物、整齊的家裡，這些在普通家庭裡好像理所當然的東西，我們家都沒有。青春期後，我變得非常討厭那樣的家，和父親的關係也持續惡化。」

在工作、家事、養育四個孩子間疲於奔命的詩織父親，大概沒有關注詩織的時間吧。詩織高中肄業後曾經販售過衣服、在麵包工廠工作，但全都做了幾個月便離職了。據說，在配送業工作的父親收入也不穩定，對無法長期維持工作的詩織態度很惡劣。詩織離家，是在清潔公司工作一個月左右離職後不久。

「一開始，我在網咖過夜，沒錢就在澀谷街頭亂晃，只要一站在街頭，就頻頻有男生過來搭話，所以就開始做『切割』了。」

年輕女孩們從「身體和感情切割清楚交往」這層意義，把援助交際稱爲「切割」，有時會去旅館，有時會去男性的家裡。

「有一次我和來搭話的男生一談，沒想到對方竟然是便衣警察！結果就直接被帶去輔導了。有了那次經驗後，我改成在網路留言板上找對象，雖然也遇過恐怖的事，但也有好心的男生讓我直接寄住在他家。」

然而，詩織在持續和眾多男性發生性關係的過程中精神崩潰了。

「我覺得自己做的事非常髒，陷入很嚴重的自我厭惡裡，覺得自己身心全都污穢不堪，做什麼都無法恢復了。」

就像是在懲罰那樣的自己，詩織開始反覆割腕。她大量失血到被送上救護車，因爲住院而暫時回到原本的家，但之後也沒有完全停止「切割」。

「我現在和父親保持距離，還算是可以順利生活。會繼續做切割與其說是爲了錢，不如說是爲了填補內心的寂寞。我是個很怕寂寞的人，所以也有一部分的自己覺得，即使是以切割爲目的，即使只是一時的，只要有人對我溫柔就好。」

實際上，據說詩織有時候也不會向「內心溫柔」、「願意安慰自己」的男性收錢。爲了脫離貧窮而做「切割」，達到目的後便停止——事情若是這麼簡單就好了，但現實並沒有那麼單純。因爲有許多女性像詩織一樣，內心背負著深刻的傷痕。

家裡無容身之處

高中三年級的有賀由理繪（十七歲）也有無家可歸，輾轉於男人家中的經驗。由里繪本來是個朋友眾多、個性活潑的女孩，自從父親家暴日趨嚴重後，生活急轉直下。儘管她和母親一起寄宿在親戚家，但那裡並沒有由里繪的容身之處。之後，由里繪開始輾轉住在朋友家裡。

「朋友認識的人的房子變成類似大家聚集的地方，一間小房間好幾個男生女生輪流住進來。可是，大約三個月後，突然說待在那間房子要交五萬圓的房租……為了付那筆錢我去做了援交。後來朋友家也都住遍了，我就借住在因爲切割認識的男生家裡。」由里繪回憶。

由里繪主要以網路尋找切割對象，時常與危險只有一線之隔。曾經，在她抵達對方指定的場所後發現有好幾名男性，差點就遭到強暴。事後，由里繪的精神狀況開始變得不穩定，被母親介紹的精神科診斷出罹患憂鬱症，生活漸漸不能沒有鎮定劑與安眠藥。

「我變得只要遇有痛苦的事就會大量呑藥。朋友給的來路不明的藥或是手邊的鎮定劑之類的，我隨便混在一起吃下，意識變得模模糊糊，搖搖晃晃走在路上就被警察抓了。不知道是不是因爲做切割被輔導過的關係，他們把我帶去少年鑑別所（譯註：功能類似台灣的少年觀護所）待了一下子。」

其實，由里繪最早的切割並非離家出走時開始的。高中時，在建設工地擔任高空作業人員的父親因傷無法持續原來的工作，之後雖然當計程車司機收入卻不穩定，便開始會對家人施暴。母親在這樣的狀況下陷入憂鬱，前往精神科就醫，完全不照顧小孩。

「媽媽不煮飯是很正常的事，所以我都是去便利商店之類的地方買東西吃。雖然學費是從銀行帳戶扣款沒問題，但其他費用像是通勤費、午餐錢等等，所有錢我都必須自己想辦法才行。起先我在速食店工作，但因爲入不敷出就做起了切割。如果能去酒店或是外送茶工作就好了，但因爲未滿十八歲沒辦法。現在雇用未成年的罰款都非常高，所以沒辦法跟店裡打混我的年齡。」

無法隸屬專門店家的這些女孩，以個人名義在街頭或網路上尋找「客人」。爲了保護青少年的規定反而弄巧成拙，讓女孩們遭遇數不清的危險。

由里繪說，她現在雖然回到母親生活的親戚家，但因爲待得並不舒服，不停反覆著小規模的離家出走。

「我實在等不及十八歲，可以半夜走在外面不會被抓，工作的可能性也會增加。我跟保健室老師談過家裡的問題，曾經夢想也能做那樣的工作。總之，目前要以離開家裡、經濟穩定爲優先。」

關係上的貧窮

許多少女因爲沒有一個安心的容身之處，反覆離家出走。

幫助這些少女的團體「Colabo」負責人、著有《難民高中生》（英治出版，二〇一三年）等著作的仁藤夢乃，高中時一個月裡幾乎大都在街頭過夜。仁藤夢乃說，這些濃妝艷抹、打扮華麗的女孩乍看和遊民呈強烈對比，但爲了追求容身之處夜晚徘徊街頭的心境卻完全沒兩樣。爲了得到金錢，有源源不絕的女孩在做援助交際和約會俱樂部的工作。仁藤夢乃也曾經在女僕咖啡店工作過。

「有一次，店經理說要單獨介紹客人給我，問我要不要試試陪對方。我覺得這樣很不好便拒絕了，但女僕咖啡和泡泡浴的經營者爲同一人，會多重利用女孩之類的是很平常的事。這種店的『星探』（scout）男子都非常溫柔細心，很容易就讓人相信他們。常常聽到有人就算決定『只有切割是不會去做的』卻三兩下就被騙走，一察覺就已經被迫從事個人賣春。」

過去援助交際以街頭爲中心，由於警方加強取締以及智慧型手機的普及，陣地移向了網路世界。最近也有許多案例是利用年輕女性熟悉的SNS（社群網路，Social Networking Service），以花言巧語誘拐對方從事性交易。儘管警察也加強了注意力，但由於這類性交易性質漸漸轉向密室化與個人化，實際上要取締並不容易。

如同爲了賺學費而開始切割的由里繪一樣，背後存在著跨世代貧窮的女孩極其之多，甚至也有一些家裡經濟優渥，表面上看不出來有問題的女孩子。

「有些女生念的是一貫制私立學校，父親是大企業部長等等。我自己也是，雖然家裡沒有經濟問題，但父母關係惡劣到極點，以前一直覺得家裡沒有我的容身之處。雖然一般都說：『所謂貧窮，不就是沒錢嗎？』但我認爲，我們陷入的是『關係上的貧窮』。」（仁藤夢乃）

遭信賴的大人背叛，無論家或學校都無法容身的女孩懷抱著孤獨，在街頭徬徨。「溫柔」男子趁隙進入她們的內心。這些女孩一開始追求的是穩定的關係，在知道彼此關係原來是以金錢或性爲目的後傷得更重，出現自殘行爲，患了心病。

若是物質上的貧窮可以馬上用金錢或物品填補，但沒有能安心的容身之所，無法擁有能夠信任的關係——「關係上的貧窮」根深柢固，無法輕易敉平。頭髮指甲修剪乾淨、打扮華麗妝容的女子容易讓人認爲和「貧窮」沒關係，然而，正因爲她們的貧窮難以外顯，更增加遭遇危險的機率，讓問題越來越嚴重。

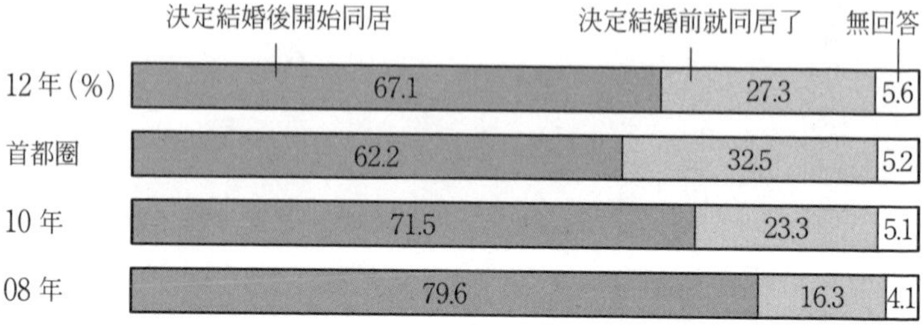

（註）本調查是隨機抽樣《zexy》日本首都圈、東海、關西等地區已婚或是預定結婚的讀者，寄送問卷後進行。以上皆爲估計值，2008年的整體合計值是直接累計各地區採樣的合計值。
資料來源：recruit 新娘綜研所。

圖 1-2 兩人開始同住在新居的時期

同居陷阱

女性一旦住在家裡和家人一起生活，潛藏其中的問題就幾乎不會被看見。與男性同居的場合也一樣。

近年，日本同居男女的數量持續增加。根據「recruit 新娘」綜研所的調查，未婚夫妻婚前便同居的比例二〇〇八年爲一六・三％，其後逐年遞增，二〇一二年增加至二七・三％。僅就首都圈來看，比例更高，二〇一二年的比例達到三二・五％（圖 1-2）。由於這是針對準備結婚的情侶所做的調查，若是單純詢問有沒有同居經驗的話，數字會更多吧。

然而，最近的同居，似乎從所謂的「婚前測試期」變成了「同居人的延伸」。是不是因爲房租等生活費可以對半的經濟優點，造成選擇同居的情侶一直增加呢？這點也可以從同居率於房租昂貴的首都圈中顯著性地高推測出來。

採訪過的有同居經驗的單身女性，全都是因爲薪水少、一個人生活有困難這種消極理由而選擇與交往對象同居。

金澤陽子（三十六歲），與一起創立社會福利非營利組織的男子同居了將近八年。大學時，與父親關係惡劣的陽子離家開始了一個人生活。她身兼秘書、女接待等多項工作，以賺取學費和生活費，與學校社會福利社團中認識的男性交往後，更趁機一起生活。

「總而言之，因爲兩個都很窮，所以很快就同居了。年輕、心中又燃著熊熊希望的我們，想憑藉自己的力量打造理想中的非營利組織。不過，一開始完全上不了軌道，過著連水電費都欠繳的生活。我自己則是用在便當店打工的收入勉強度日。」

由於非營利組織大部分的營運是依靠地方自治團體與企業補助來維持，無論如何收入都不穩定。在如履薄冰、看不見未來的生活中，陽子與男友的關係漸漸冷卻。儘管如此，從零開始打造的非營利組織就像自己的孩子一樣，即使兩人之間瀰漫著險惡的氣氛，陽子都無法考慮搬走。

「他很專斷獨裁又經常給予我精神上的暴力，我覺得再這樣下去自己心理會出問題，雖然不甘心，但還是決定放棄大部分的權利離開家裡。」

當時，陽子將好不容易建立起來的非營利組織全部讓給男友，失去了工作也失去了居所。儘管並不是正式組織，但陽子活用了過去培養的經驗，現在從事著令她很有成就感的工作。

雖然陽子的案例中沒有遭到傷及身體的暴力，但也有女性即使遭到同居對象家暴，但因爲沒有錢、沒有人可依賴，只能忍耐；有的同居十年以上，最後「因爲對方要跟別的女生結婚」被趕了出來，只拿了個包包流落街頭的狀態，被非營利組織相關人士發現。如果是法律承認的婚姻關係，還能向對方要求贍養費之類的，但若是同居，相關手續並不容易。

由於年輕人的雇用關係不穩定，難以經濟獨立，使得男女之間的問題也變得更加複雜。

由上述的案例可看出，對工作不穩定的年輕人而言，家庭做爲唯一的「安全網」是否有發揮功用。尤其是女性，儘管沒有工作或是工作不穩定，但社會上容易有「因爲和家人一起生活所以沒關係」的印象。

然而，一旦住在原生家庭裡的生活延長、無限期化，有不少女性和家人間的關係變得不甚融洽。父母或是兄弟姐妹的經濟也不寬裕的話，雙方更是不斷惡化。我們發現，有時家庭會成為「無法輕易脫離的牢籠」或「飽受暴力的危險場所」，女性為了逃離這樣的家，除了抱著成為遊民的覺悟，別無選擇。或許是我們必須審視把家庭營造成神聖的地方、將家人視為最後「安全網」的這種想法了吧。

II

潛藏在家事料理中的黑暗

中途退學成為失去連結的開端

有不少女性在長年與社會失去連結的狀態下，生活於原生家庭。

目前與父母同住的田川三奈（三十歲），十七歲高中時因罹患厭食症以及併發的婦科疾病不去上學，並中途退學了。

「我本來就因爲體型很自卑，有一次，被班上男生鬧得完全吃不下食物，從此反覆住院，也失去了上學的氣力。」

高中退學後直到快三十歲，三奈都一直在家裡過著繭居生活，最近才在精神科諮商師的建議下，開始一週三天便利商店的短時打工。三奈從前應徵過超市和速食店工作，也有被錄取的經驗，卻都不到一星期便辭職。

三奈的父親流轉於運輸業，收入並不穩定，母親則是做打掃兼差，想盡辦法維持家計。

「我父親從小就會體罰，現在也有很嚴重的言語暴力，幾乎每天罵我：『妳沒辦法正常工作，沒有活著的價值！』讓我快崩潰。沒工作，我相對的會做些煮飯、打掃的家事，但他說：『沒做好之前不准出去！』連我的行動自由都限制了。我雖然想馬上離開家裡，但因爲沒錢也沒辦法做什麼。爲了不觸怒父親，平常生活得像個隱形人。」

儘管想對艱困的現狀做些什麼，卻因沒有金錢和精神上的餘裕而無法脫逃。加上高中退學後一直繭居在家，完全沒有朋友和認識的人可以商量也加深了三奈的問題。

「我一方面想著自己必須出去，另一方面身體卻跟不上想法。加上高中退學、沒有全職工作經驗……又非常自卑，很不擅長處理人際關係。」

尼特族、繭居族都是男生？

「高中退學後沒有決定未來出路，不要不緊地過日子」、「找不到工作繭居在家裡」、「因爲職場騷擾離職造成心理陰影，沒辦法找工作」等等，許多年輕女生在採訪中都表示，自己曾經有所謂尼特族或繭居狀態的經驗。

「冰河期世代三十人」中，有繭居經驗者爲九人。六名退學經驗者（高中肄業四人，短大肄業二人）中，五人於退學後一直繭居在家，其餘四人的繭居時期分別爲國中畢業後一人，大學畢業後一人，工作辭職後兩人。

不過，「尼特族」、「繭居族」這些詞是不是經常讓我們聯想到男性呢？「尼特族」、「繭居族」這樣的詞彙廣爲人知要回溯到二〇〇〇年初。當時，儘管就職冰河期持續，非典型雇用的年輕人急遽增加，但大眾傾向把這個狀況視爲年輕人懶惰、沒有工作意願，而非社會結構上的問題。

媒體雖然頻繁報導關於尼特族和繭居族年輕人，但對象多爲年輕男性。之後，學者專家也持續調查研究這些年輕男性，大家才漸漸了解，無法工作不是年輕人「自己的責任」，而是包含了雇用非典型化、雇用關係不穩定等問題。儘管如此，直到現在，於尼特族和繭居族主題出現的還是以男性居多。這點我在序章說過，部分原因也是基於「應該成爲一家經濟支柱的年輕男性」不工作是件很嚴重的事，這種「男性養家模式」的價値觀吧。

女性沒有工作和繭居的比例在統計上本來就比男性低。二〇一二年，包含繭居族在內的年輕無業者（尼特族）總數爲六十三萬人（二〇一三年總務省統計局「勞動力調查」），性別分布爲男性四十萬人，女性二十三萬人。女性的比例是男性的二分之一左右。

然而，這份統計有個很大的「陷阱」，那就是其中並沒有包含「家事料理」這部分。

厚生勞動省對尼特族（NEET : Not in Education, Employment or Training）的定義，是「十五至三十四歲，無就學、無就業亦沒有接受職業訓練的非勞動力人口」，「家事料理」者除外。

根據總務省二〇一〇年「勞動力調查（詳細統計）」，未婚女性非勞動力人口（十五歲以上沒有從事有收入工作者）中，十五至二十四歲從事的是就學（三九%）、家務（三五%）、其他（二六%），二十五至三十四歲是就學（七%）、家務（五二%）、其他（四一%）（圖2-1）。

直接看這份統計數據的話，現在沒有工作的人中，十五至二十四歲的人有三成、二十五至三十四歲的人中則有五成以上，是因爲處於以家事料理而無法工作的狀態。

然而只靠這份統計，我們無法掌握這些女性負擔了多少程度的家務和看護責任。當然，隨年齡增高，像「照護離職」這類因爲照護而

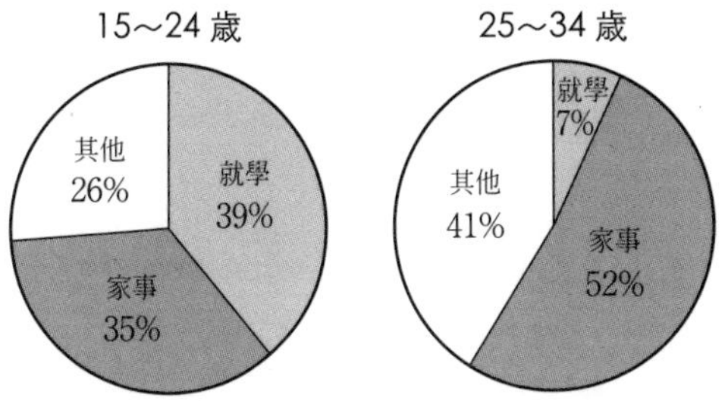

（註）這裡的非勞動力人口指的是 15 歲以上沒有從事有收入工作者。

資料來源：總務省2010年「勞動力調查（詳細統計）」。

圖 2-1 未婚女性非勞動力人口分布（15～24 歲，25～34 歲）

無法就業的人便增加。傾向被期待照護責任的未婚女性尤其顯著。

儘管如此，這樣的數字實在太高了。無法想像這麼多人是以「家事料理」正在「新娘修業」中。我想，其中恐怕包含許多宣稱「家事料理」，實則與所謂尼特族和繭居族沒有差別的人吧。若是年輕女性，便可以將尼特族和繭居族的問題隱藏在「家事料理」之名下。

連家人也漠不關心

本間彩（十九歲），高中二年級時由於沒有拿到升級所需的學分便退學了。據說，她在學校有朋友，也非受到霸凌，但就是不想上學。退學後，彩沒有上班也沒有就學，就在自己家中生活。她並非一直繭居在家，平常會出門也會去購物。彩的家庭成員有父母與兄姐四人，父親是非營利團體員工，母親做兼職工作，生活並不差。

「我一整天大部分時間在自己房間裡用電腦畫畫。把圖放到網路上，偶爾會有人跟我買圖，有時候一個月會有幾千日幣的收入。」

據說，關於彩高中退學的事，父母並沒有特別反對。退學後的出路有就業、復學、接受同等學力考試念大學等幾種方向，但彩並沒有選擇任何一條路。

「我從來沒有打工和在外面工作過，連面試的經驗都沒有。雖然哥哥教我念書，通過了幾項高中畢業程度認定考試，但我沒有什麼特別目標，也從來沒和父母聊過未來的出路。」

彩說，高中時代的同學只有一個還有聯絡，反而透過網路繪圖網站認識的人還比較多。

單憑彩的話，我們無法斷定她的父母是在等她產生動力？還是單純的放牛吃草？然而，彩高中退學後什麼都沒做，有將近三年過著類似房中繭居的生活畢竟是事實。個人與父母不覺得這有什麼大問題，或許與彩是女生不無關係吧。

年輕男性若是不就業待在家，可能會在家人、親戚與鄰居之間成爲「大問題」，遭世人當成犯人對待，若是女性便不會如此吧？有的話也會對外包裝成「家事料理」。實際上，她們也經常負責家裡的工作，到達某個年齡前，個人和家人都不覺得不出門關在家裡有什麼問題，這樣的情形屢見不鮮。

然而，就這樣完全沒有與社會連結，年齡增長的話會如何呢？

二〇一三年，大阪發生了一起三十一歲的女性遭人發現餓死家中的慘案。女子與失智症母親兩人一起生活，某天，母親因爲身體出狀況而遭救護車送走。人們認爲，已經十分衰弱的該名女性當時應該就在隔壁房間，但救護人員並未發現。經附近鄰居察覺有異報案後，已是幾個月後的事了。從國中起便拒絕上學的這名女性，在與社會沒有連結的狀態下長大成人，連鄰近居民都不知道她住在那裡。結果，女子就在無人知曉的情況下過世了。

一旦遠離學校或職場便很難交到朋友或是認識別人，難以產生與社會的連結。此外，「沒工作」、「沒上學」、「沒結婚」、「沒朋友」等狀況會令人失去自信，進而剝奪個人走到外面的力量，創造出被社會孤立的惡性循環。

父親死亡，生活急轉直下

武井京子（三十五歲）也是因霸凌拒絕上學後，有將近二十年過著蝸居在家的生活。

「即使到現在，一想起當時的事胸口還很難受。我因爲個性老實，即使對方說了很過分的話也回不了嘴。」

京子的父親經營蔬果店，在經濟寬裕的環境下長大，就讀私立女子中學。然而，她卻遭遇了陰險的霸凌而拒絕上學，國中一年級下學期後便幾乎沒再去學校了。儘管如此，她還是取得了國中的畢業證書，進入可以自由上學的學分制高中，但卻因爲功課跟不上於高一退學。

「有一陣子我待在家裡什麼也不做，爸媽並沒有怪過我。大約一年後，我下定決心打工看看，買了徵人雜誌找工作。」

儘管京子開始在百貨公司的食品賣場、連鎖便當店、居酒屋等地方打工，但都持續不久，短則數天，長則三個月便辭職了。

「很多時候我不管體力還是精神都跟不上，學校不行，工作也不行……我開始討厭做什麼都不行的自己，陷入自我厭惡。」

自此之後，京子有將近十年過著繭居在家的生活。

「我變得極度的潔癖，像是上廁所或洗澡這些事都要花上好幾個小時，怎麼擦都覺得不乾淨，曾經一天用完二十四捲廁所衛生紙。還曾因爲遭家人指責這件事，一團火上來，對他們暴力相向。我的症狀越來越嚴重，二十七歲的某一天，覺得腦袋好像要爆炸了，打去一一九說：『拜託你們，請救救我！』」

被救護車送進醫院的京子馬上住院——原來她罹患了強迫性精神官能症。京子靠吃藥與認知行爲治療，花了一年以上才恢復穩定，也痊癒到能夠打工的程度了。

「病名含帶的意義讓我鬆了一口氣。」京子說。京子從小就困在覺得「自己有些不正常」的想法中，她說，所以有種了解眞正原因後的安心感。

京子拿到了精神障礙手冊，陸續做了約一年警衛與餐廳端菜的打工。然而，就在三十歲時，一家經濟支柱的父親因癌症驟逝，京子的家人收起了蔬果店。父親死後，京子與母親、妹妹三人一直依靠父親的壽險金與存款生活，但那些錢似乎再不久便會用罄。

「媽媽去外面兼差引發了焦慮症，無法繼續工作。妹妹雖然順利大學畢業了，但沒去上班，十年來過著足不出戶的生活。我雖然在麵包工廠上夜班，但因爲是短期派遣的關係，不知道能持續到什麼時候……一想到接下來該怎麼辦，我們一家人是不是只剩餓死這一條路，就擔心得不得了。」

就像京子家一樣，因爲負責家計的父親死亡或母親生病等原因，生活急轉直下，有些住在家裡勉強維持生活的單身女性，也不知道哪天會面臨照護父母或是父母死亡的問題。屆時生活要如何支撐下去呢？

也有些繭居家中、拒絕上學，或是遭遇霸凌經驗、無法出社會工作等問題的背後，像京子一樣隱藏著身心障礙的案例。

本書訪問的九位有過繭居經驗者當中，有些患有解離性身分障礙症（Dissociative identity disorder，舊稱人格分裂）、亞斯伯格症、廣泛性焦慮症等，都是在成人後才知道自己有這樣的障礙。這些障礙恐怕也加重了工作和生活的難度吧。

開始工作前的困難

一直以來，政府對居高不下的年輕尼特族、繭居族施行協助計畫。二〇〇三年推出「青年自立、挑戰計畫」，於全國開設「地方青年支援站」（通稱支援站），提供職業介紹、就業諮詢等各式各樣的協助，並於二〇一〇年施行「兒童、青少年育成支援促進法」等應對措施。

尤其是全國一百六十個地方（二〇一四年時）設置的支援站，在促成年輕人於社會上自立的重點上，發揮了功用。然而，利用支援站或參加職業訓練的人又再度傾向以男性爲中心。根據二〇一四年全國十二個支援站聯合實施調查（調查總人數一千一百四十人），利用支援站的人六四％爲男性，三六％爲女性。

爲什麼女性利用者會比較少呢？或許部分原因就源於支援站企劃本身最初就是以男性尼特族和繭居族爲預設目標，女性很難適應吧。

實際上，曾有利用支援站的女性表示，支援站的職業訓練以農業和打掃等勞力活動爲主，十分辛苦；集訓式的職業訓練參加者都是男性，睡覺時沒有安全感，所以去了一天便放棄了。

此外，也有不少女性因爲過去的霸凌或是性騷擾等經驗，對男性參加者和男性工作人員感到害怕或是覺得棘手。像本章開頭提及的三奈因爲男同學拿體型鬧自己而罹患了厭食症，可想以男性爲主的支援站對她而言門檻很高吧？

女子講座

二〇〇九年，橫濱市性別平等推廣協會開全國先例，展開專門服務年輕無業女性的「女子協助事業」。到二〇一四年底爲止，總計將近二百六十位女性參與講座。參加者中，有人因家暴或職場騷擾而害怕男性或是對男性留有陰影，也有些人罹患婦科疾病等懷有女性特有的煩惱，因此打造一個諮商工作人員與參加者都限定女性的空間才有其意義。

名爲「女子篇 工作準備講座」（以下稱女子講座）的內容，包含在課堂上學習基本商業禮儀等的「工作準備講座」，與能夠在講座設施內的咖啡店體驗工作的「實習篇」。被打造爲體驗工作場所的咖啡店名爲「遇咖啡」，學員在此實習接待客人與製作準備等等。

「有許多人處於孤立狀態，覺得是不是只有自己這個樣子，是不是因爲自己不好所以才很難工作。因此女子講座以①體驗安全感、②得到能夠連結自我肯定的覺察、③脫離孤立狀態爲目的，打造專案。」協會職員植野瑠奈說道。

最上明日香（二十三歲），是上完一整期「女子篇 工作準備講座」後，在「遇咖啡」從事工作體驗打工的一人。明日香從小學開始就有些拒絕上學，國中的出席天數在危險邊緣，雖然繼續念高中卻因爲無法升級而退學，改進入可於夜間或其他特別時間上課的定時制高中，花了四年時間畢業。之後，她進入了函授制的短大。儘管學習了簿記與商業課程，卻沒有參與就職活動找工作便畢業了。

「遇咖啡」體驗工作的情況
照片來源：南太田論壇（性別平等中心——橫濱南）。

「因爲函授大學沒有就業相關指導，我在不知道怎麼參與的狀態下，就錯過企業招募的時間了。原本我就對自己完全沒信心，不知道有沒有我這種一直拒絕上學的人能做的工作，應該有一部分是自己從一開始就放棄了。」明日香回憶。

畢業後，明日香雖然做了幾份像是分類賀年卡等幾天就結束的短期打工，卻都沒有長期的工作，在家裡過著日夜顛倒的生活。

這樣的情況持續了大約兩年後，明日香的母親得知了「女子講座」的資訊，在母親建議下，她便決定參加看看。

「參加講座最棒的是認識人。我很高興能夠認識跟我同年、擁有同樣煩惱的人。我們現在也都還有聯絡，聽到有人接受打工面試或是結婚的消息很受到鼓勵，覺得自己也要努力才行。」

明日香在「遇咖啡」第一次體驗了服務業。

「我以前很不擅長人際關係，知道自己只要努力也可以熟悉這些是很大的一步。打工以來已經半年，能夠一直持續這件事成了最大的自信。過去完全靠媽媽做菜，現在我對料理也開始有了興趣，自己做菜的機會也增加了。再兩個月就要結束打工了，所以我利用空檔時間透過 Hello Work，正尋找以行政事務類爲主的職缺。」

二〇一四年，橫濱市性別平等推廣協會對二〇〇九年開辦的「女子講座」，進行了至二〇一二年爲止參加女性（有效回答六十二人）的追蹤問卷調查。

參加成員的平均年齡爲三十歲，有一成多的人是一個人居住，其餘大都和家人一起生活。參加成員屬高學歷，六三％的人有升學至短大、大學等，但中途退學者也占了二八％的高比例（高中肄業七％，專門學校、短大、大學肄業二一％）。另，從問卷中四八％「遭到同學霸淩」，三五％「一年有一個月以上不去學校」也可以得知，許多人在學校有受挫的經驗。

此外，從家庭調查項目中可以發現，有四五％的女性「持續半年以上幾乎沒有出過家門」，接近半數的人擁有繭居經驗。另外，四三％的人是「父母一直干預各方面的事務」，一八％「遭到父母、兄弟姐妹等家人的暴力、虐待」。

工作困擾方面，「人際關係不順利」六〇％，其後依序是「遇到職場騷擾」三一％，「遭到同事霸淩」二一％，也顯示出許多人覺得職場上的人際關係有問題。

身體狀況方面，八六％的人回答「有介意的地方」，以及達六八％的人表示「精神方面有狀況」。然而，儘管對健康感到不安，調查顯示仍有五七％的受訪者兩年以上沒有接受健康檢查。理由可能是因爲沒工作，或是工作不穩定而缺少職場提供的健康檢查機會。

統合這些結果後發現，女性無業者相對高學歷，但有很高比例於學生時期有過拒絕上學和霸淩的經驗。儘管一半以上的女性都住在原生家庭裡，但也有人遭受家人過度干預或暴力、虐待，原生家庭似乎並不一定是個能夠讓人安心的地方。此外，也可以看作或許是因爲這樣的經驗，許多人害怕人際關係，也爲就職帶來影響。

「我們知道有很多人在家庭、學校等連結工作之前的階段，就面臨了多重困難，也有些人有精神方面的問題，所以我覺得我們需要整體的協助，不只停留在就業也要包含生活面。」（推廣協會，植野瑠奈）

根據同份調查，講座結束後，有七成的人前往支援站或Hello Work等協助單位諮商，六成以上的人回覆在講座結束後從事「有收入的工作」。「有收入的工作」內容：打工七四％，正職三％，「現在正在工作」四七％。一半參與講座之前沒工作的人之後持續工作，從這點也可以看出講座的成果。另一方面，從雇用型態來看，由非典型雇用佔大半的比例，可以窺見這些女性要走向自立並不容易。

「事實上，在這個一般人就業都很困難的時代，結束講座課程的人並不會馬上找到工作。此外，考量還有四成以上的人依舊沒工作，我們必須做好後續跟進應對才行。協會經常聽到『希望有地方能夠連結面臨相同煩惱的人』、『希望有地方可以個人諮商』這類的聲音。」（植野瑠奈）

女子講座原則上以未滿四十歲的女性爲對象，參加成員也以二、三十歲的女性爲主。然而，日本第二次嬰兒潮（一九七一年～一九七三年）世代目前已經超過四十歲，預計尼特族高齡化將形成問題，也有很多四十歲以上的女性面臨生活與工作上的困難。

「談到四十歲以上的女性協助，雖然有育兒、二次就業、單親媽媽等支援，但幾乎沒有預設未婚無業女性的協助。這種情況下的當事人，應該感覺更加受到孤立。今後，我們也想將這些女性納入規劃，希望能夠成爲她們與他人、社會連結的契機。」（植野瑠奈）

埼玉的方針

橫濱市的「女子協助計畫」首開先驅，爲面臨生活、工作困難的年輕單身女性提供協助的行動漸漸拓展到全日本的性別平等中心。

埼玉縣性別平等推廣中心（with you 埼玉）從二〇一二年起，以四十歲以下爲工作、生活困難而煩惱的女性，以及面臨經濟困難的女性爲對象，定期舉辦就業協助講座至今。總共十二堂課的講座，除了商業禮儀、電腦技巧、工作體驗外，參加成員也可以一邊大量接受面試諮商，一邊準備用自己的步調工作。

國中時因爲強迫性精神官能症不去學校，之後幾乎沒有工作經驗的阪口加梨（二十七歲），是最近參加講座的一名成員。儘管曾經嘗試過速食店與便利商店打工，卻因爲強迫症的緣故，太注意細瑣的事情無法進展，每次都在一天內便辭職。過去因爲沒念高中、一直都沒有工作而積極不起來的加梨，以講座爲契機，認識了同齡的同伴，正漸漸取回自信。

「我決定從今年春天開始念高中，因爲是函授高中，就可以用自己的步調上課。以前在家時，心裡總覺得隱隱不安，雖然不是講座結束就能馬上工作，但我現在會覺得一定有適合自己個性的工作，很感激講座讓我得到了前進的力量。」

目前可以依賴家裡的女性，十年後狀況應該會有很大改變吧？到了需要面對父母的照護或死亡時，該如何才能支撐生活呢？無論當事人還是父母，都將「沒有結婚生子」、「只能做非正式工作」、「無法從父母身邊獨立」的狀況視爲「自己的責任」，更難以向外求援。

相較於日本，一般在成年後普遍會離開家裡的歐美各國，無論國家或個人都很少會依賴家庭福利。「因爲在家裡所以沒關係」、「總有一天會結婚吧」這種想法不會解決問題。我們必須創造一種可以看到隱藏在原生家庭生活中的貧窮、並予以協助的機制。

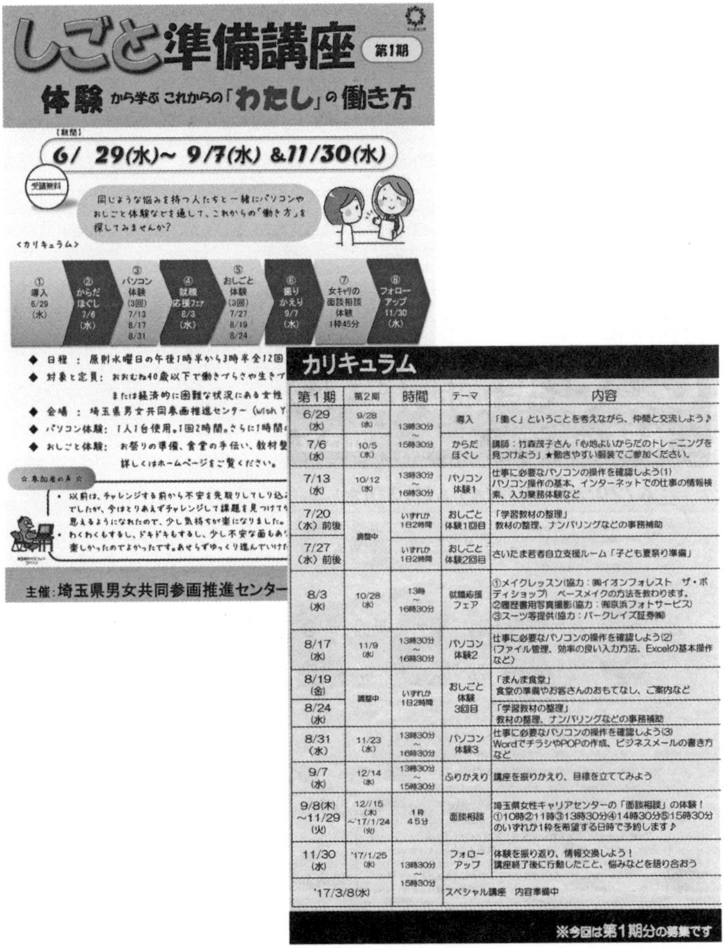

カリキュラム

第1期	第2期	時間	テーマ	内容
6/29(水)	9/28(水)	13時30分~15時30分	導入	「働く」ということを考えながら、仲間と交流しよう♪
7/6(水)	10/5(水)		からだほぐし	講師：竹森茂子さん「心地よいからだのトレーニングを見つけよう」★動きやすい服装でご参加ください。
7/13(水)	10/12(水)	13時30分~16時30分	パソコン体験1	仕事に必要なパソコンの操作を確認しよう(1) パソコン操作の基本、インターネットでの仕事の情報検索、入力業務体験など
7/20(水)前後	調整中	いずれか1日2時間	おしごと体験1回目	「学習教材の整理」 教材の整理、ナンバリングなどの事務補助
7/27(水)前後		いずれか1日2時間	おしごと体験2回目	さいたま若者自立支援ルーム「子ども夏祭り準備」
8/3(水)	10/28(水)	13時~16時30分	就職応援フェア	①メイクレッスン(協力：㈱イオンフォレスト　ザ・ボディショップ)　ベースメイクの方法を教わります。 ②履歴書用写真撮影(協力：㈲京浜フォトサービス) ③スーツ等提供(協力：バークレイズ証券㈱)
8/17(水)	11/9(水)	13時30分~16時30分	パソコン体験2	仕事に必要なパソコンの操作を確認しよう(2) (ファイル管理、効率の良い入力方法、Excelの基本操作など)
8/19(金)	調整中	いずれか1日2時間	おしごと体験3回目	「まんま食堂」 食堂の準備やお客さんのおもてなし、ご案内など
8/24(水)				「学習教材の整理」 教材の整理、ナンバリングなどの事務補助
8/31(水)	11/23(水)	13時30分~16時30分	パソコン体験3	仕事に必要なパソコンの操作を確認しよう(3) WordでチラシやPOPの作成、ビジネスメールの書き方など
9/7(水)	12/14(水)	13時30分~15時30分	ふりかえり	講座を振りかえり、目標を立ててみよう
9/8(木)~11/29(火)	12//15(木)~'17/1/24(火)	1枠45分	面談相談	埼玉県女性キャリアセンターの「面談相談」の体験！ ①10時②11時③13時30分④14時30分⑤15時30分のいずれか1枠を希望する日時で予約します♪
11/30(水)	'17/1/25(水)	13時30分~15時30分	フォローアップ	体験を振り返り、情報交換しよう！ 講座終了後に行動したこと、悩みなどを語り合おう
'17/3/8(水)			スペシャル講座　内容準備中	

※今回は第1期分の募集です

2016 年埼玉縣性別平等促進中心的「工作準備講座」傳單（正面）及課表（背面）

III

正職員工也艱難

工作到倒下的女性們

二〇〇八年，媒體大幅報導了一名在和民餐飲集團工作的二十六歲女性正職員工，在進入公司兩個月後過勞自殺的新聞。該名女性員工在幾乎沒有員工培訓的狀態下，被分派到店裡負責部分廚房業務，每天開店前下午三點進入店裡工作到深夜三點，忙碌的週末要工作到凌晨五點，每個月加班一百四十個小時，遠遠超過了過勞死判定標準的八十個小時。報導指出，店裡還有許多以「自願性質」爲名的無支薪勞動與早晨訓練，讓該名女職員幾乎無法休息。勞動基準監督署坦承其爲過勞自殺，受害者家屬向該公司提告，要求損害賠償。二〇一五年底，和民以支付一億三千萬日幣的賠償金，以及研擬防止類似事件再度發生的策略爲條件，與家屬達成和解。

不僅僅這名女性，二〇〇九年，受到年輕人歡迎的服飾廠商「CROSS Company（現爲STRIPE INTERNATIONAL）」也遭判定造成職業災害——一名女性大學畢業進入公司五個月後成爲店鋪負責人，因極度過勞、壓力導致死亡。

一直以來，「過勞死」和「過勞自殺」被視爲拚死拚活工作的男性上班族象徵，與年輕女性八竿子打不著，究竟這些女性又爲什麼會被逼到選擇自殺呢？

主要爲年輕人提供勞動諮商的非營利法人組織 POSSE，一年有一千件以上來自年輕人「工作到身體破破爛爛，最後得了憂鬱症……」的諮詢，統計勞動諮商案件後，發現數量、內容上幾乎沒有男女的差別。

POSSE 員工表示：「無論男女，詢問最多的都是長時間勞動與公司沒有支付加班費問題。」源源不絕的電話打來說自己因爲過勞被逼到憂鬱症，沒有人可以商量。

大學畢業後剛進入中型製造商的谷由貴子（二十八歲）也是其中一人。較一般人晚進大學的由貴子，雖然找工作時歷經一番苦戰，卻成功取得了正職員工身分。由貴子在公司附近租了公寓，幹勁十足地進入公司，然而，等著她的卻是幾近「血汗企業」的工作合約。

由貴子說，在經過員工培訓來到簽署工作合約的階段，才知道自己的薪資包含了固定加班費。所謂的固定加班費，就是公司事先設定加班費，不支付超過的部分。這是血汗企業壓低人事費用、隱藏員工長時間勞動事實的常用手法。

當初，由貴子考量到一個人生活，受到「月薪二十萬圓起」這樣的好條件吸引，而原來那是包含了一個月六十個小時固定加班費六萬圓的金額，扣除稅金與離職儲金後，實際收入爲十五萬圓左右。不過，雖然覺得合約有違當初說的，由貴子還是無法回頭，只得簽名。

之後，由貴子被分配到要持續接電話到深夜的客服中心，一上任便開始了平均一天工作十二小時的長時間勞動。此外，公司以由貴子家可以徒步到公司爲由，頻繁派給她大夜班。

「她一開始聯絡我們的時候，還能思緒清晰地談論自己的狀況，可是過了一段時間再打過來，從一開始就哽咽，感覺精神已經緊繃到極限。她說自己一回神才發現，包包裡放了她應該沒有去借的圖書館書籍，桌子上擺著涼麵醬油卻沒有買的印象……雖然有收據，知道自己應該是有好好結帳，但完全沒有當時的記憶，非常害怕。」（POSSE 員工）

由貴子最後陷入無法上班的重度憂鬱狀態，目前離職持續就醫中。難道在被逼到那個地步前沒辦法做些什麼嗎？首先，由貴子爲了工作才剛搬到一處新的地方，沒有一個認識的人可以商量，也不可能依賴養大自己的單親媽媽；即使想要尋找新工作，也因爲連續的深夜值班，時間上和體力上都沒有餘裕，回頭要再找工作時一直找不到，也不覺得自己能輕易找到下一份工作，因此，即使在那樣的狀況下也無法輕易辭職。

消耗新人的血汗企業

每次和二、三十歲的女性談話，都會驚訝於曾在俗稱血汗企業裡工作的人比例之高。「血汗企業」這個眾所周知的名詞，指的是強迫勞工過度勞動，令勞工身心暴露在危險中的企業，狹義上，主要是新興產業中大量採用年輕人，以長時間勞動消耗年輕人，然後逼他們離職的企業。

前文提過的 POSSE 負責人今野晴貴，在《血汗企業》（文春新書，二〇一二年）一書中提到，血汗企業的手段分爲兩種，一種是「挑選型」，在員工進入公司後，透過強迫性的無薪加班挑選能夠忍耐長時間勞動的順從員工；一種是「用完即丟型」，以員工會短時間內辭職爲前提，讓員工在嚴酷的條件下工作。

小田優希（二十八歲）大學畢業後，以不會轉調、工作地區固定的儲備幹部身分進入大型通訊公司，就是典型的「挑選型血汗企業」。據說，這間公司全國新進員工約兩百人，但其中大多數在幾年內便辭職。

「職前的培訓課程就是斯巴達式的訓練。公司要我們短時間內背下社訓與社歌，記不起來的話，就會在大家面前遭到痛罵。他們說：『員工培訓的目的就是要摧毀你的個性。』以至於有人在集訓時就逃走了。」

雖然優希的薪資是二十萬日幣，但最後才知道那包含了一個月四十五個小時的加班費。一分配到業務單位後，便開始接連每天超過十二個小時的長時間勞動。

「我做的是電話業務，有很嚴格的營業額目標，雖然假日也去上班，不停拚命打電話，但完全不順利……感覺身邊所有人也都爲了達成目標在拚命，公司裡並沒有教導員工工作的氛圍。我被分派工作一個月後，他們說要幫我調單位，其實就是裁員。」

雖然公司讓優希調事業單位，卻並沒有決定轉調的地方，她便在家中等待。

「公司把那段期間視爲沒上班，薪水也沒有付齊。我等了一個月，公司沒有任何聯絡，逼妳知道自己是不被需要的存在，我就在七月底離職了。因爲這是大學時持續將近一年就職活動才好不容易進去的公司，我很想繼續做下去，但也覺得自己再這樣下去精神會出狀況。」

雖然在都會區外圍城市獨自生活的優希馬上尋找新工作，卻始終不順利。

「新鮮人進公司三個月後辭職，大多會被認爲是耐力不足、任性，很難找到新工作。」

有許多像優希一樣大學畢業後短期間便離職的人，被稱作「第二新鮮人」。儘管積極採用「二度就業」的企業也逐漸增加，但皆以都會區爲中心，優希所住的地方工作職缺就很少，更別說二度就業的轉職市場。為了換工作而辛苦奮鬥的優希心想，學校或許有些畢業生也能應徵的工作機會，便決定拜訪母校的就職課。然而，將一切原委道出後，得到的回話令優希不禁懷疑自己的耳朵。

「對方跟我說：『除了妳以外，之前也有好幾個人短時間內離職，我就覺得很奇怪。』我非常傻眼，心想就職課為什麼不在我進公司前告訴我呢？明明在我畢業前苦苦找工作時，就職課說『我們學校每年都有畢業生進這家公司』才介紹給我的……」

之後過了幾個月，儘管優希持續找新工作，但由於存款已經見底，不得不回老家。

「由於老家更鄉下，沒有可以上班的地點，只有短期打工。我一週同時幾次的行政兼差和餐飲店的夜間打工，雖然想存錢去都心，但打工時薪很低，又因為是鄉下地方，油費等等的也很花錢。明明大學畢業了，卻只能在鄉下打工，讓我覺得很丟臉、很難過。」

一路下滑

當發現自己進的公司是「血汗」企業時——發現自己繼續做下去身體和精神都會變得很慘的時候——能否選擇辭職是很重要的關鍵。如果有「可以依賴的原生家庭」、「有存款」

等安全網還好，但若是一個人生活，沒有經濟上能夠仰賴的家人的話，就會陷入溜滑梯一路下滑至貧窮的狀態。

田口由紀子（三十四歲），曾經遭遇職場騷擾被解雇，找不到工作，走投無路到領取低收入戶生活補助。

由紀子從藝術大學畢業後，一邊工作一邊累積舞台資歷，但到了三十歲，決定要正式工作。由紀子在一間小型社會福利事業擔任正職員工，但辦公室沒有打卡機制，不支付加班費。

「每次準備準時下班回家時，老闆就會突然塞過來大量工作，像是把他手中的名片按五十音順序排列建檔等等。惹老闆不開心的話，他會跟你說：『你可以不用來了。』就這樣，有越來越多員工來了又走。」

由紀子也是因為某件事反駁老闆，隔天便被迫寫下辭職申請書。

「我因爲想過總有一天會輪到自己，曾加入了共同工會，便以『沒有發出解雇預告』爲由向公司抗爭，多少拿到了一些賠償金。」

雖說獲得了工會的幫助，但這個過程令由紀子身心俱疲。儘管如此，她也沒有休息的餘裕，開始尋找新工作。三個月後，由紀子獲得醫院錄用，負責櫃檯工作。

「我是正職員工，待遇不差，負責櫃檯業務。然而一到晚上，院方就會說人手不足，逼我檢查病患的點滴、配藥等一些明顯是醫療行爲的工作。我擔心要是發生意外該怎麼辦，越來越不安，便詢問認識的藥劑師。結果對方建議我：『這很明顯是違法行爲，在出問題以前離開比較好。』」

由紀子再次透過 Hello Work 找工作，卻無法如願得到機會。

「最後變得連每天的生活費都不夠，找了能夠當天獲得薪水的工作，來到日薪派遣。但是有個問題，就是派遣公司支付薪水的窗口每天都不一樣。」

住在東京郊區的由紀子每天早上五點起床，耗費將近兩個鐘頭的時間前往千葉站搭乘前往工廠的客運。曾經，她在商品配送工廠工作到傍晚五點後，只爲了拿薪水就又再前往橫濱。交通費都要自掏腰包，由紀子也想避免這種狀況，但生活就是已經被逼到這個地步了。

「我的父親已經過世了，母親和弟弟住在一起，經濟上無法依靠他們。就這樣日子過一天算一天，工作也一直無法如願時，區公所的人建議我申請低收入戶生活補助，我便決定接受短期補助。雖然只是貼補日薪派遣薪水不足的部分，但到現在都還清楚記得當時『這麼一來總算能過年了』、鬆了一口氣的感受。」

現在，由紀子中止了低收入戶生活補助，以派遣工身分在公營機關上班。

「這是我註冊了十幾間公司才好不容易找到的工作，雖然未來沒有保障、經濟拮据的生活還是沒有改變，但現在的職場人際關係很好，光是這點我就心存感激了。」

這是連一名成人女性想自力更生都無法如願的日本社會。公司的職場騷擾、疾病、人際關係碰壁等小小事情都會成爲導火線，讓人一口氣滑落到谷底。實際上，年輕女性若是沒有「可靠的家人」這道安全網的話，就只剩下低收入戶生活補助了。

為了付房租開始外送茶

川內夕實（二十七歲）大學畢業後於服飾公司擔任正職。原本就很喜歡衣服的夕實懷抱希望進入公司，卻在分派到店鋪後遭到主管的職場霸凌。

「霸凌是來自一位女前輩，她一直監視我的一舉一動，營業額一沒提升就會破口大罵。我在精神上被逼得無路可走，進公司兩個月後就辭職了。」

出身自四國鄉下的夕實，在關西的大學畢業後，母親勸她回老家，她不顧反對前往東京就職。

「我的父母很嚴格，但我意識到如果回鄉下就完了。雖然必須馬上找下一份工作才行，但我就是提不起精神，無法開始找新工作。」

夕實身上還背著在東京租屋的押金、禮金、一應生活用品的借貸，毋需太久便會陷入經濟上的貧窮。

「儘管什麼都沒做只是待在家裡，就要租金、電費、瓦斯費，帳單一直累積。一想到再這樣下去就會被斷電、斷瓦斯，最後不得不離開住的地方，便慌慌張張尋找工作。」

然而，打工的時薪對繳房租、還貸款而言只是杯水車薪。即使運氣很好被錄取爲正職員工，薪水發下來也要一個多月後的事。

「這時候，我注意到酒店和外送茶等風俗類的工作。雖然一般來說酒店的門檻應該比較低，但我才從都是女生的服飾業職場上失敗，沒有做陪酒公關的自信，因此考慮了外送茶（Delivery Health）。但始終無法把電話打出去，按了號碼又掛掉……一直重複。」

夕實說，當她下定決心撥了電話，業者採取的戰略大概是想讓女方沒有改變心意的時機吧：「我們現在見個面面試，去妳家附近也沒關係。」

「我原本還擔心要是（電話裡）出來的是個恐怖的人該怎麼辦，所以鬥志都沒了。當天就跟外送茶的工作人員碰面，對方非常親切，在我提出問題前，就先一步關照了我的疑惑與不安。我想這樣應該沒問題，馬上就開始工作了。」

夕實加入的，是無實體店面的外送茶。日本現在因爲風營法（改善風俗營業等規定及業務相關法律）的關係，風俗業新設或是擴建、改建店鋪都受到規範，因此無實體店面的營業模式不停增加。由於沒有實體店面，女性在工作前會於車中待機準備，決定客人後，便乘車前往飯店。由於較之實體店鋪的模式，工作人員難以看到，因此風險也隨之提升。

「有種非常誇張的客人，幾次我都覺得很恐怖，幸好一用手機聯絡，工作人員就飛奔過來，才得以平安無事。但我還是常常會害怕『如果是不怎麼樣的客人該怎麼辦……』，儘管如此，就算有一點點狀況，工作人員都會非常擔心妳、爲妳著想……因爲以前的職場上完全沒有這種事，所以老實說我很開心。」

夕實爲了租金與償還貸款，一週五天，不分晝夜地工作。

「我的想法是無論如何都一定要賺錢。在車子裡待機時，雖然和其他女生或司機在一起，但感覺聊些沒什麼大礙的內容心情很輕鬆。對害怕人際關係的我來說，這種距離剛剛好。我雖然不擅長面對客人，但以職場而言，那是個工作輕鬆的地方。」

但這樣工作半年後，夕實的身心崩潰了。

「我就像沒電的電池，變得沒辦法從被窩裡起來，什麼都吃不下，體重也一直下降……工作人員很擔心，還送食物過來，但我完全沒有好轉。因爲錢也存得差不多了，所以就決定休息。雖然我一直對自己說沒問題，但原來我的身體和心靈都已經到達臨界點了。」

現在，夕實在服務業公司以約聘的身分工作。

「我負責全部的行政類工作。因爲做過外送茶，我已經看夠男人的本性了，對男性有很強烈的厭惡感。雖然男主管經常會有接近性騷擾的發言，但我都會用非常冷淡的眼光看待喔。現在的職場沒有可以信任或是能夠爲妳設身處地著想的人。想到這點，覺得做外送茶時還比較受到眷顧呢……即使到現在，都還有非常想回去的時候。」

眾所周知，風俗產業的工作人員對女性都非常親切。雖然那是基於不想讓身爲「商品」的對方逃走的居心……但傾聽她們的煩惱、生病時甚至去家裡探訪等等，正是這份溫柔捉住了諸多女性的心。對正在都市角落面對貧窮與孤獨的女性而言，風俗產業成了「安全網」是不折不扣的事實吧。

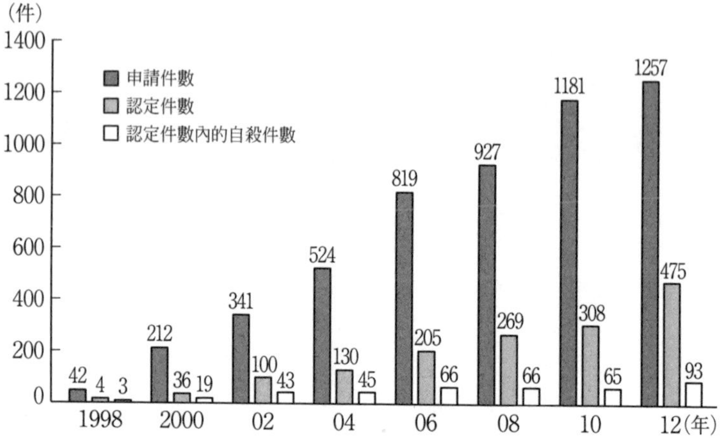

資料來源：厚生勞動省勞動基準局。

圖 3-1 精神障礙等職災補償情形

增加中的精神障礙與霸凌

「冰河期世代三十人」中，十四人有正職的經驗，其中有十一人因過勞帶來身心疾病、職場騷擾或霸凌等理由辭職。

不少人即使辭職後身體也沒有恢復健康，持續就醫，或是因爲之前無法跟上職務內容而失去了工作自信、職場騷擾造成心理創傷等，以致處於想工作卻無法工作的狀態。工作帶來的心理壓力之巨大令人吃驚，且並不僅限於年輕女性。

一九九九年後，職災補償申請中精神障礙的件數持續大幅提升。一九九八年爲四十二件，二○一二年爲一千二百五十七件，膨脹近三十倍之多（圖3-1）。過勞死認定件數中，精神障礙等（過勞自殺）相關案例也以二〇〇七年為界，超過了腦血管、心臟疾病（過勞死）的數量。

工作引起的精神障礙數量上升的背景，可能是人們對心理健康的知識與關心有所進步的緣故。然而即使如此也不足以說明這種上升率，應該可以說是，壓迫精神的職場環境正在擴張吧。

「全國職業女性中心」（ACW2）所實施的「職業女性熱線」，是一個月六天、專屬女性的電話諮商，接收許多來自典型、非典型工作的女性諮詢。過去，有一半以上的諮詢是有關解雇、解約等雇用的內容，現在則是霸凌與職場人際關係的諮詢占了四成以上。

二〇一〇年至二〇一四年收到的一千九百四十五件諮詢中，口出惡言等霸凌占二百七十四件，職場騷擾等人際關係問題占五百四十一件，解雇、解約等雇用相關內容為三百二十三件。談到職場騷擾，大家的印象多是來自主管，但據說也有非正職員工的前輩對正職員工以及非正職員工騷擾。全國職業女性中心分析：「在公事交接和員工培訓不足的過度勞動中，可以看到同事之間互相給予壓力、互相傷害的情形。」

一九九九年，精神障礙造成的職災申請數量開始增加，同在這一年，政府修正了男女雇用機會均等法，廢除勞動基準法中的女子保護規定，男女變得皆能長時勞動及夜間工作。此外，企業對成果主義（或稱實力主義）興趣升高，日產（NISSAN）的戈恩（Carlos Ghosn）引進成果主義也在這一年。

其後，景氣倒退，企業開始增加非典型雇員，職場上也因正職、約聘、派遣、兼差、日薪等不同雇用型態而分裂。「安穩職場」逐漸消失，每個人都被要求看得見的成果。由於自己也處於極限狀態，因此無法接受別人「不做」和「做不到」——就這樣，職場上的騷擾和霸凌不停蔓延。

沒有餘裕的職場

淺賀美希（二十八歲）就是經歷職場騷擾與霸凌的一例。高中女校時期曾遭到陰險霸凌的美希說道：「可能是我做事不得要領，容易被人誤解吧。」

美希的志願是從事社會福利相關工作，大學畢業後成了社會福利機構的職員。該公司設有日照中心和小型作業場所等，營運類型廣泛，美希被分配到的單位是一個月有一半時間需要駐勤的智能障礙兒童照養機構。

「我每天早上五點起床做飯，一整天都忙著照顧孩子，由於駐勤時只有一個人，沒有時間休息，最後工作應付不來，大約半年就離職了。」

由於當年的景氣稍有回升，市場上也經常舉辦二度就業的就職博覽會，美希因此獲得了大型超商的行政職，於隔年四月進入公司。然而，她卻受到分派部門的課長霸凌，十分痛苦。

「大概從進公司半個月開始，課長就會把我叫進房間滔滔不絕地訓斥我工作學得太慢，給大家帶來麻煩，其他如要我注意別在更衣室裡說太多公事外的事、用太多止汗噴霧、拿太多東西到公司裡等和工作沒有直接相關的事。更令我震驚的是，很多似乎是有人告狀的結果。」

課長無視美希，以極力避免分配工作給她的方式欺壓她。儘管如此，美希說自己還是會尋找泡茶、整理文件等部門內的雜事，積極行動。

第二年的某天，美希突然收到人事異動通知。

「課長叫我過去，說：『請妳下週開始去底下的商店工作。』由於實在太突然，我連考慮辭職的餘裕都沒有。所謂的店鋪工作，就是在超商接客和貨品上架，穿著制服和工讀生一起輪班。而且店鋪就在過去上班的總公司大樓下，同期或同事都會常常來買東西——非常丟臉吧？」

美希回憶說，過去從來沒有行政職調動到店裡的例子，很明顯是降職、裁撤人事。

早班時早上五點就要出門，晚班則要工作到深夜。由於公司減少工讀生的數量，美希必須塡補那個空缺，有時明明是早班，卻要搭末班電車回家。

「雖然我也想找下一份工作，早點辭職，但沒有時間，根本不是可以找新工作的狀況。我的疲勞無法消除，經常情緒低落，朋友建議我去看精神科，醫生檢查後診斷我是憂鬱症。」

停職半年的美希，這段期間找新工作也不是很順利。雖然與父母和弟弟同住在家裡，但父親遭到裁員，要求美希拿錢回家。

「我曾經期待復職後或許可以換部門，卻不可行。既然如此，我決定乾脆以儲存轉職基金爲目標的工作。」

大約過了一年半，美希辭職，轉往基金會工作。

「那是我期望的正職行政職位，必須短時間內跟預計離職的人完成交接，但因爲我學得太慢，交接到一半對方就離職了。最後，造成其他員工的困擾，他們說：『我們是小公司，沒有餘裕照顧妳。』我就在試用期的第三個月離開了。」

美希之後還獲得兩間公司的錄取，卻都在試用期間被炒魷魚。如今也還在尋找工作，平日擔任一週三天的幼兒園助理，假日兼做超市的試吃販售，供錢給家裡。

「連續在試用期間被炒魷魚讓我完全失去自信。由於我和母親的關係並不好，很想離開家裡，但現在這個樣子更難吧。」

面對我繁瑣的問題，美希是個非常認眞、在某些方面有潔癖的人，會反問我：「具體來說是什麼意思呢？」只要一傳達問題的用意，她便會巨細靡遺、清楚流暢地為我說明狀況。美希非常能幹，擁有藥劑登錄販賣者與社會福利主事等多重證照，在轉職市場上看似相對有利。

此外，就像本人所說的，她似乎有做事不得要領，需要花時間理解的那一面。是不是因為這樣，她才會陷入試用期遭到解雇的情況呢？只要有人細心指導，美希便能順利完成任務，只是很少職場有這種餘裕，以至於她會引起周圍的反抗或憤怒吧。

使用身心障礙者名額工作

草柳明子（四十七歲），曾是地方公務員，經濟狀況穩定，卻因職場上的壓力變得無法工作，目前以身心障礙者任職非正式工作。明子短大畢業、接受公務員考試時，正值日本泡沫經濟鼎盛時期，她謙虛地說：「公務員的工作以前不受歡迎啦。」

進入公家單位後，明子每兩、三年就會面臨一次人事調動，曾經在稅務課與勞務課等多個部門任職。

「我主要的工作是庶務和整理帳務，但每次調動後，處理的內容差異很大，在熟悉前會很辛苦。儘管如此，一項一項工作累積起來令我感到非常充實。」

經歷四次調動，二十九歲的明子被分配到的單位是水道課。

「水道課不同於之前的部門，外勤人員占了一半以上，因此工作都集中在我這個負責行政的人身上。因為二十九歲，被當『資深員工』對待，工作交接也是匆匆忙忙就變成我負責了。」

那是個要求短時間內處理接二連三送過來的憑證、比賽速度的世界。其他員工光是自己的事就忙得不可開交了，分不出時間來教明子。外勤同事痛罵明子，說她處理得太慢，令明子非常畏縮。

「我本來就學得慢，記東西需要花時間。給周遭添麻煩的狀況令我非常難受，將來能不能做好也擔心得不得了，我向主管反應，結果是一句『這是有沒有幹勁的問題』就把我打發了。」

儘管明子拚命努力想跟上大家的速度卻總是徒勞無功，來自同事的指責也日益嚴重。

「我的精神漸漸被逼到極限，開始出現失眠的症狀。下了班，坐在搖搖晃晃的電車上，心裡想著『好想就這樣消失』。」

持續這種狀況下的某一天，明子想到要去和在勞動課工作時認識的諮商師談談。

「然後對方建議我馬上去看精神科比較好，去了醫院，醫生診斷我這是心因性反應，我因此停職了。」

所謂「心因性反應」，是心理由於龐大的壓力或傷害而引起的暫時性精神障礙。明子很明顯是因爲調到非她勝任的部門所帶來的心理壓力引發了疾病，因此只要調到別的部門就很有可能痊癒。

「所以，我向主管表明調動的希望，但他們說復職要回到原部門。主要原因似乎是不能開先例的樣子。儘管如此，上層還是稍微表現了一些關心，改變了我的工作內容，從比速度的整理憑證變成負責庶務與雜務，勉強能復職了。」

明子獲得許可，採用比一般規定工時還少的「短時工作」模式，一邊就醫一邊期望慢慢回復。然而，大約復職兩年後，明子的職場進行了大規模的人員裁撤。

「辦公室人力漸漸減少，過去兩、三個人做的工作，現在要一個人完成。」

二〇〇〇年代初，歷經長期經濟衰退，加上小泉政權改革路線下展開的「批判公務員」，從此，針對明子的指責也越來越強烈，呈現了「職場霸凌」的樣態。

「有人曾經明著跟我說『不要仗著自己生病』、『妳光是在那邊就很麻煩了』。當我身體不舒服在休息室休息時，還被說『我要打掃，給我出去』……」

終於再也無法去辦公室的明子決定再次停職。然而，明子去辦手續時主管對她說，「如果一直停職沒辦法回來的話，我們會當作免職來處理，這樣應該會對妳之後造成影響吧？為了妳好，還是請妳寫自願離職申請」，強迫她離職。

「我明明還沒決定辭職，他們卻說『接任的工讀生要來，妳這樣很礙事』，把我桌上的東西全收到紙箱裡。我無能為力，不得不寫辭呈。」

就這樣，辭掉公務員的明子休息一陣子後，一邊評估身心狀況一邊開始找新工作。由於她有十幾年以上的行政職資歷，找工作相對簡單，但要成為正職員工又是另一回事了。

「爲什麼辭掉公務員？是不是有什麼問題？很多人會這樣看我，非常難過。」

一邊打工一邊持續找工作的明子最後被連鎖藥局錄取爲正職員工。工作內容是將初診單、配藥相關資料處理建檔。然而，在一個月的試用後，藥局解除了她的工作合約。

「因爲我不知道醫療專門術語、不會電腦盲打等，工作速度慢，給人家添了麻煩。他們跟我說：『我們沒辦法等妳成長。』我充滿了挫敗感。」

對藥局而言，將明子的經歷和四十歲的年齡當成戰力或許是失算吧。

之後，明子在區公所反覆做了好幾年的短期打工。

「我的工作型態是工作兩個月休兩個月，這是雇主爲了不支付社會保險而採取的型態，但考量到收入，我也不能一直這樣下去，非常煩惱。」

這段期間，明子也前往Hello Work，參加就職講座學習電腦技巧等等，持續朝找到正職工作而努力，可惜始終不順利。

明子與父母一同住在家裡，父母親分別是八十多歲與七十多歲的高齡，明顯的不可能永遠仰賴他們。因此，爲了今後能生存下去，明子做了一個決定——那就是利用身心障礙者名額工作。離開公務員工作也一直持續接受治療的明子，拿到了三級精神障礙手冊。她開始在

Hello Work的身心障礙者雇用區找工作，沒多久便獲得大型零售店的錄取，之後從事店鋪工作將近五年。

「我的工作以在後台包裝爲主，有時候也會出來店裡。雖然我過去一直以行政工作爲中心，但服務業也常有讓我感到開心的事。這裡的職場人際關係也很好，能夠沒有壓力地工作，雖然身邊的人都知道我是以身心障礙者的資格工作，但我並沒有因此覺得哪裡不自在，反而經常獲得其他人的關照，十分感激。」

明子現在的身分是兼職員工，時薪約一千圓，月收將近十一萬圓。

「我最擔心的果然還是收入問題。包含年邁的父母在內，對於未來能不能走下去也會感到不安。儘管如此，能夠持續一份工作近五年讓我有了小小的自信，所以接下來也不會放棄，想要努力前行。」

明子脫離了持續多年的苦日子，活力充沛地面對工作。但她本來就是個擁有高度行政處理能力也關心周遭的人。這樣的她刻意選擇了身心障礙者雇用職缺——讓我深深思考著這個事實究竟顯示了什麼？

雖然當上了正職

本章，我們討論了幾位有正規雇用工作經驗的女性，這些女性全都擁有高學歷，即使在就職冰河期也能以正職的身分就業。然而，其中許多人都遭遇了過度勞動、職場騷擾、霸凌等狀況，被逼得短期間內離職。

這些曾經投了一百間公司以上履歷卻無法得到錄取、經歷過嚴苛就職活動的女性，打從心底了解轉職並非易事。

尤其是現年二十幾歲的人，從小就一直聽說非典型雇用在長期薪資和待遇等各方面，都比正規雇用還不利的工作模式。應該有不少女性因爲這樣的背景，即使對錄取公司的條件和待遇多少有些猶疑，也還是會覺得總比「非典型雇用的新鮮人」和「無業新鮮人」好而決定上班吧。

過去，日本藉由「應屆畢業生統一招募」讓學生畢業後無縫接軌就職，使青年就業就某種意義上十分穩定。然而，由於長期經濟衰退，應屆畢業生就業率持續下降，被稱爲就職冰河期谷底的二〇〇三年，就業率爲五五・一％（文部科學省「學校基本調查」），創下空前最低就業率紀錄。

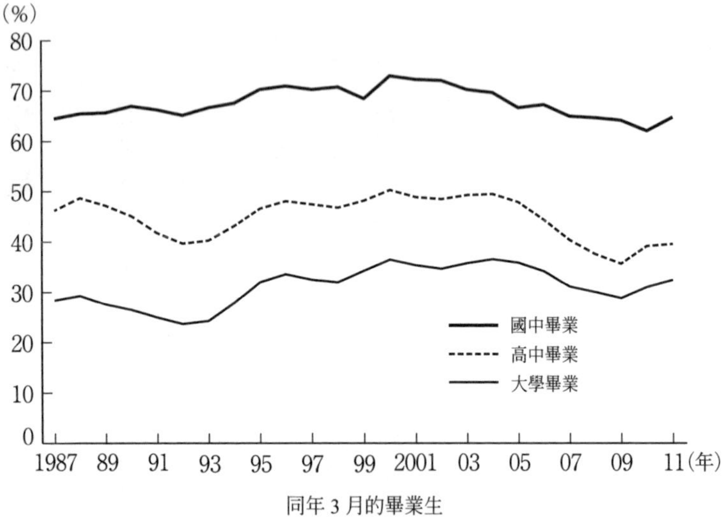

(註) 本表爲以「就業保險被保險人紀錄」爲基準所計算出的結果。
資料來源：厚生勞動省。

圖 3-2 國中畢業、高中畢業、大學畢業者的 3 年內離職率（七五三現象）

在這樣的背景下，若是大學又爲提升自己的就職率，極力將學生送入有「血汗」嫌疑的企業，便是罪孽深重。

針對血汗企業，厚生勞動省要求企業在招募應屆畢業生和 Hello Work 的招募內容上，標明過去三年內的錄取人數與離職人數。雖然並非強制，但公司若無標明的話，就難免有血汗企業之嫌。此外，也強化了企業監督和開設諮詢專線等相關對策。

一些高中和大學也有開設了解勞工權益的課程。然而，大部分學校幾乎都不清楚將學生送入企業後的情形。長年以來，有七成國中畢業生於三年內早期離職，高中畢業者五成，大學畢業三成（圖3-2）。雖然獲得錄取也很重要，但學校在防範學生早期離職、進入血汗企業方面，應該還有很多進步的空間吧。

從受訪女性的故事中，我們可以發現大多數的血汗企業不是大量錄取、大量離職這種「顯而易見的血汗企業」，而是職場騷擾、霸凌與人際關係問題等「沒有實際工作便不知道的血汗企業」。造成這類型企業的原因是成果主義與沒有餘裕的職場環境，但多數女性容易覺得「因爲工作學得慢才會被霸凌」、「因爲沒有體力，是自己的錯」而將一切責任歸咎於自己。

更甚者，也有不少案例是因爲職場騷擾、霸凌造成心理創傷，連工作都變得困難。有工作能力卻無法工作，對個人或社會而言都是損失。

即使是高學歷、獲得錄取、處於比較優勢的女性也是這種狀況。女性要自食其力工作的路仍然十分嚴峻，而人們似乎還沒理解這件事的必然性與重要性。

接下來，我將會在第四章探討以非典型雇用身分工作的女性，她們很容易被逼到更艱難的狀況。

IV

非典型的負面連鎖

學歷與非典型雇用率

二〇〇〇年代後，日本的非典型雇用日趨嚴重，持續每三名勞動者中就有一名爲非典型雇用。儘管東京證券交易所一部上市企業（指大型公司）從二〇一四年起連續三年調漲薪資，幅度皆超過二%，但非典型雇用率卻完全沒有改變。特別是年輕人的雇用非正規化十分顯著，而其中最多的更是年輕女性的雇用。

過去年輕女性（十五至二十四歲）約一成的非典型雇用率如今達到了四成。其中因學歷造成的龐大差異日益明顯。二十五至三十四歲的女性教育程度爲高中者（包含國中畢業、高中肄業），非典型雇用的比例將近六成，但大學以上的比例則保持在三成左右（圖序-2）。

由於是非典型雇用，工資低廉，也容易遭到解雇。近十年來，十五至三十四歲女性的完全失業（沒有工作、正在找工作中）率一直在四%的程度，但教育程度爲高中者的完全失業率則在八%，居高不下。

此外，一旦第一份工作爲非正規職的話，多數無法累積經驗與資歷，難以轉爲正規雇用。

高中畢業女性的困境

住在近畿鄉下的有明優季（二十九歲）是高中畢業後長年處於非典型雇用至今的女性。雖然優季找工作時以正職爲目標，但鄉下地方的職缺本身就少，高中畢業後勉勉強強找到房屋仲介公司的行政職。

「雖然是非正式職缺，但因爲是我想做的行政職，所以我打算努力工作，累積實際的工作成果。可是，房仲公司因爲業績不好，大約一年就把我裁員了。公司又不可能裁業務，這也是沒辦法的事吧？之後我靠牙科助理等打工勉強餬口，好不容易在父親朋友的介紹下，一間材料公司決定錄用我做行政。」

然而，這是間辛苦的公司。優季說，所謂的行政只是虛有其名，她負責的工作是點貨與庫存管理。

「我每天必須一個人搬很重的零件點貨，身體累翻了。老闆的職場霸凌也很嚴重，每天破口大罵，非常痛苦。」

因爲是別人介紹進來的關係，優季忍耐了三年才離職。之後，優季一邊領取失業救助金一邊找工作，而她住的地方連打工的缺都非常稀少，雖然也曾考慮搬到都市去找工作，但拮据的生活沒有餘裕讓她支付押金、禮金等因應搬家而來的費用。優季說，她的母親在她小時候便去世，自己是由父親一個大男人拉拔長大，之後父親再婚，也建立了一個新家庭，無法依賴。

在失業救助金即將用罄之際，優季好不容易找到一份自家經營的電器行兼差。

「高齡夫婦經營的店裡只有我一個員工，尤其老闆娘管得非常多，說我打掃方式不好、寫字很醜等等，檢查我的一舉一動一再批評，要我打掃庭院甚至幫他們家大掃除，時薪是最低工資的七百五十日幣。但一想到自己完全沒有存款，連這個工作都沒辦法辭職。」

就這樣，優季的身體出現了異狀。

「我變得晚上睡不著覺，一整天都提不起勁，非常疲憊。去看了醫生，醫生開了安眠藥與鎮定劑，要我馬上辭職。」

優季雖然離職了，卻不是能尋找下一份工作的狀態。無可奈何下前往區公所諮商，窗口建議她申請低收入戶生活補助。大約半年，優季一邊領取低收入戶生活補助，一邊參加職業訓練，尋找下一個工作機會。

「我覺得還好有去區公所尋求幫助，如果就那樣沒有和任何人商量，只有自己一個人的話，不知道會變成什麼樣子……」

然而又過了半年，優季得到餐飲店的行政打工後，低收入戶生活補助中止了。

「由於我一直在看精神科，心裡非常不安。我現在的月收是十二萬日幣，繳了房租剩下的錢沒多久就會花完了。雖然也考慮兼別的差，但因爲現在的工作明明是打工卻有『無薪加班』，所以沒辦法如願。晚上看電視不開燈、只吃納豆配飯過日子等等，所有能夠省錢的方式我幾乎都做了。老實說，領低收入戶生活補助，精神上還比較有餘力。我也擔心自己的健康狀況，不知道這樣的生活能維持到什麼時候，每天都很不安。」

獨自生活的優季因爲身體狀況不佳和失業等任何人都有可能發生的事，轉眼間貧窮，甚至領取低收入戶生活補助。儘管她現在也在工作，但月薪十二萬日幣的拮据，任何時候陷入貧窮狀態也不奇怪。

而如同統計指出，從事非典型雇用職的女性（十五歲至三十四歲）有八成平均年收入不到兩百萬日幣，優季的處境絕非特例。

此外，第三章談過的過度勞動與職場騷擾、霸凌等問題不僅存在正規職中，也發生於非典型雇用的第一線。再則，非正規工作的合約續約若由主管掌握，有時即使遭到職場騷擾的迫害也難以申訴，全然面臨弱勢的困境。單就優季的案例便可看出「如果是非正規職就沒負擔，很好辭職」的想法很明顯是錯誤吧？

肄業更艱難

「冰河期世代三十人」中，有十六人「只有非典型雇用的經驗」、「沒有工作經驗」。從學歷來看，國中畢業三人，高中肄業四人，高中畢業三人，短大肄業二人，短大、專校畢業二人，大學畢業二人。大學畢業的兩人是爲了追求興趣和想做的事，故意選擇非正規職工作。另一方面，有正規雇用經驗者除了一人，其餘全員都是大學畢業。這個結果可以說證明了學歷對非典型雇用率有巨大的影響。

其中一個原因應該是年輕人的高學歷化。日本人的升大學率日益增加，一九九一年還只有三九％（包含短大），二〇一五年卻達到五五％（包含短大）。順帶一提，一九九一年

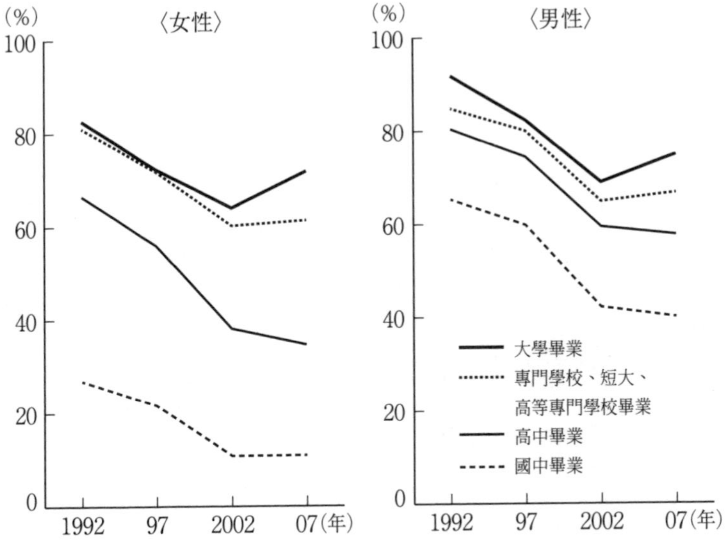

（註）不包含在學學生。

資料來源：內閣府性別平等局《平成 22 年（2010 年）性別平等白皮書》。

圖 4-1　正規員工占青年人口（20 ～ 24 歲）比率（按性別分）

高中畢業女性的正規雇用率維持在六〇％左右，二〇一五年卻落到三〇％的程度（根據總務省統計局「就業結構基本調查」扣除二十歲至二十四歲、在學中的女性）。

熟悉年輕人非典型雇用問題、隸屬勞動政策研究．研修機構的小杉禮子對於高中畢業女性升高的非典型雇用率分析如下：

「許多高中畢業的男性會擔任如汽車工廠生產線等工程的正規雇用職，這種工作不但可以累積技術，也能期待加薪。另一方面，需要大量高中畢業女性的則爲銷售員、服務生等雇用非正規化日趨嚴重的服務業職種。雖然過去行政職很需要高中畢業的女性，但現在行政職轉爲由大學畢業的女性占據。結果，高中畢業女性的工作變成以非正規職爲大宗。」

其中面臨困境的，是高中肄業的女性。根據二〇一二年的調查，高中肄業女性（二十五歲至二十九歲）的非典型雇用率爲八九％（高中畢業女性五六％，大學畢業女性二八％），非常之高；完全失業率也有一七％（高中畢業女性九％，大學畢業女性五％）（JILPT二〇一五年「大學等肄業者就業與意識相關研究」）。

如同第二章也看到的，不少人一退學便斷了與社會的連結。此外，高中畢業希望擔任正職者主要都是透過學校，利用學校推薦等就職。無法利用這點的高中肄業者得依靠個人找工作，卻難以找到正職職缺，不得不選擇非正規就業。

此外，也有不少高中生家庭經濟不寬裕，爲了負擔家計幫助父母而選擇退學。

久保田愛（十七歲）也是顧慮家裡的經濟狀況而高中退學的學生。她現在同時身兼便利商店與豬排店的打工。

「我每天早上六點到九點在便利商店工作。然後常常馬上換衣服移動到豬排店，加入十點到下午兩點半的午餐營業時間。之後暫時回家，下午五點半再回到豬排店工作到晚上九點半。完全沒班的日子一星期可能有一天吧。便利商店的時薪是九百日幣，豬排店八百十八十日幣。」

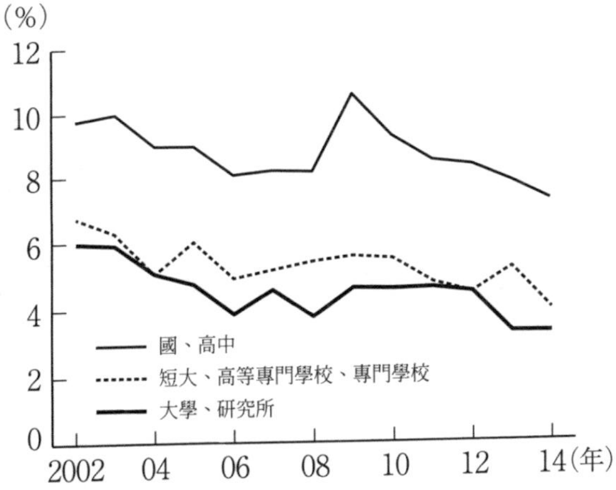

資料來源：小杉禮子。於年輕女性間擴大的學歷差距。載於小杉、宮本編著，《底層化的女性們》。

圖 4-2 15 至 34 歲女性的完全失業率——按學歷分

雖然情況感覺很嚴重，但開朗的愛卻說得很樂觀。

和愛一樣身兼多份打工的女性不在少數。儘管各個打工點的工作時數總和應該可以加入健康保險和國民年金等社會保險，但因爲工作地點不同，無法成爲保險對象。

如同第三章介紹的「全國職業女性中心」（ACW2）電話諮商，「一週五天，工作三小時（一週十五小時）」這種身兼多個短時打工的女性諮詢急速增加。

據說，她們就算提出「想要增加排班」也會遭到拒絕。二〇一六年十月起，日本社會保險適用對象的勞動時間門檻從一週三十小個時下修至一週二十個小時。全國職業女性中心分析，想將勞工工時維持在二十小時以下以逃避社會保險的惡質雇主因此增加。

擴大社會保險對象應該要改善部分時間勞動者的待遇才對，然而，限制勞動時間的雇主一旦增加，兼職勞動者就變得必須同時做複數以上的工作才行，生活狀況可能變得更差。

愛高中是在高一學期結束退學。愛說，雖然原先念的高中畢業生升大學率很高，但因爲經濟因素不打算念大學的她，卻覺得待不下去。

她找老師討論。「找不到將來的夢想」，結果老師回答她：「總之先以進大學爲目標，再一邊思考就好。」雖然愛的母親也說：「至少先念完高中。」但並沒有強力反對她退學。

愛的父親是卡車司機，母親是兼職清潔人員，收入並不穩定。大她三歲的姐姐也身兼卡拉ＯＫ店與酒店的工作。愛自己念高中時也在迴轉壽司店打工。

「我隱隱約約知道家裡經濟很艱困……比起兼顧課業和打工，我當時更想好好工作，幫助父母。」

儘管愛把一半以上的收入都給了家裡，但還是不夠，據說，父母曾經擅自從她的錢包拿錢出來。

「我知道家裡經濟拮据，明明他們只要跟我說一聲就好，我經常因為這樣的事和父母起爭執。將來等我存好錢，決定夢想以後，我想去念函授制的高中。」愛說。

看著一句怨言也沒有，身兼不同打工、披星戴月工作的愛，我真的非常佩服。另一方面，對於經濟上仰賴十幾歲女兒（包括愛的姐姐在內）的父母，則忍不住想批判。

「因為還沒決定將來的夢想」，愛試圖把沒有升學這件事視為自己的責任。雖然父母沒有對她說：「家裡經濟拮据，給我退學。」但她是從家中氣氛感受到這樣的想法，才會走到退學這一步。

政府現在雖然實施公立高中免學費以做為兒童貧窮的對策之一，但從愛的案例可清楚看到，以為這樣大家就都能上學是很天真的想法。儘管高中畢業將來的可能性更寬廣，但在日子過一天是一天的逼迫下，無論孩子還是父母都無法描繪未來的藍圖。外來的協助當然重要，但或許不只針對孩子，也需要積極介入協助父母吧。

我不認為學歷與個人資質、能力成正比，也不打算肯定重視學歷的社會。然而，日本現在的高中畢業率將近九成、一半以上的求才徵人都以高中畢業為條件，沒有高中畢業資格確實很不利。

決定退學時，愛對於這份不利的理解到什麼程度呢？如果父母不理解的話，老師就該提供她判斷未來的資訊才對。此外，我們則必須改變現實上低學歷與非典型雇用、貧窮之間這個不合理的連鎖。

高學歷窮忙族

雖然前文敘述了學歷越低非典型雇用率越高，但只要學歷高就能得到正規雇用了嗎？也不是這麼簡單。如第三章所見，也有不少人因爲職場騷擾和過度勞動等原因辭掉正職工作。

此外，也有些雖然需要專門知識卻只招募非正規和短期約聘員工的職種，或是將工資壓得非常低的工作。前者像是圖書館館員、兼任講師，後者則是教保員和照服員等都符合吧。此外，圖書館館員、教保員、照服員等都是女性數量比男性還多的工作也絕非偶然。

我所訪談的女性中也有以兼任資格擔任大學職員、小學教師、圖書館館員或教保員的人。她們都擁有高學歷與證照，卻處於低收入、生活也十分拮据的狀態。

活用學藝員資格在博物館工作的龍田知子（三十一歲）也是其中一人。知子除了博物館的工作外，也在超市等地方做日薪銷售兼差。

「收入不穩定是我最煩惱的事。博物館的工作集中在展覽前後，展覽以外的期間沒有工作也沒有收入，所以只能靠日薪打工撐過去。」

知子說，日薪打工也不是從早到晚的全天班，待機時間很長，並不是有效率的工作。

知子收入多時一個月大約十四萬日幣。由於在大學與研究所時，向日本學生支援機構（JASSO）借了七百萬日幣的學貸，每個月要還將近五萬日幣，因此不得不仰賴家裡的幫助。

「我父親已經去世了，家裡就是我和母親兩個人。母親的工作是居家照服員，因爲也有夜班，對年過六十歲的她而言是很辛苦的工作。」

知子在國立大學研究所不斷鑽研，想從事美術、藝術方面的相關工作。雖然找過能活用所學的工作地點，但藝術界的職缺是道窄門。因此，她轉換心情，修完研究所課程後，以正職的身分進入大型電信公司的子公司。

「那裡就是現在說的『血汗』公司。我被分配到客服中心，每天工作將近十二小時，但因爲公司導入固定加班費制度並沒有相對的加班津貼。在我每天打著推銷電話，身體變得支離破碎時，公司突然破產，將員工一併解雇。」

知子說，那間公司遭到扣押，還積欠一些員工薪資。

「我想這可能也是某種命運，所以就不考慮轉職到一般企業，決定再次挑戰過去一直以來的目標。」

之後，知子歷經藝術類工作坊的企劃等短期約聘工作，找到了現在的差事。她也應徵過博物館類的學藝員、研究員等正職職缺，但這類職缺本身就非常少，過程並不順利。

「雖然覺得現在的工作很有價值，但我一想到未來就非常不安。現在這個時代，是不是只剩不排斥血汗企業，犧牲私人生活工作，否則就成爲有時間卻在貧窮邊緣的窮忙族，這兩種選擇了呢？」

官製窮忙族

在公立小學保健室兼任養護教師的牧紗織（二十五歲）由於是社會新鮮人，不得不選擇非正規職缺。雖說是兼任教師，但工作卻是全職，實際工作狀況與其他教師無異。學校教師的任用人數有限，越來越多人像紗織一樣從兼任教師開始做起。

紗織離開家鄉，搬到錄取學校的所在縣市開始一個人生活。雖然總薪資一個月將近二十萬日幣，但由於暑假等放假期間並不支薪，要維持一個人生活十分辛苦。儘管如此，紗織也不想放棄教師夢想，決定去打工，但受到兼職規定所綁，加上接下學校社團活動的顧問，完全沒有多餘時間。說是顧問，但並不會算鐘點費，而是於學年結束支付十萬日幣津貼這樣。最近十年，日本中央公務員和地方公務員等工作逐漸換成了兼任職員。現在，於國家行政機關工作的兼任職員為七萬人，若是加上地方機關等工作的囑託（約聘員工的一種，公家機關中多為退休後二度就業的職員，按工作時數支薪）、臨時、專案委託人員的話，人數甚至高達幾十萬人。

公務員一直予人雇用條件穩定的強烈印象，隨著兼任職員與日俱增，許多人被迫處於即使工作也無法維持生活的「窮忙族」狀態——這樣的人被稱為「官製窮忙族」。接受求職者諮詢的 Hello Work 職員，一個月後可能以求職者身分在櫃檯另一端成為需要諮商的情況。

長年在圖書館兼任圖書館員的友川由美（三十九歲），幾年前建立了一個由兼任人員組成的工會。由美大學畢業後歷經出版社工作，取得圖書館館員資格，任職於公共圖書館。圖書館一年一聘，合約重複了十次以上。她負責的工作是念書給小孩聽、企劃特展與舉辦活動等，具備高度專業性，是館裡不可或缺的員工。

然而，近期以裁減經費爲由，將圖書館業務委託外包給民間企業的鄉鎮市區越來越多。由美任職圖書館員的鄉鎮市區，也正往同樣方向前進，若是定案的話，沒有人能保證由美的工作可以持續下去。

「不知何時起，圖書館員的工作成了官製窮忙族的代名詞。雖然我現在住在老家，生活勉強過得下去，但我想爲年輕員工做點行動，引起社會的注意與回響。」

和光大學現代人類學院教授、於報社記者時代最早使用「官製窮忙族」一詞的竹信三惠子這樣說道：「公務員的非典型雇用化要追溯到小泉政權時期。在三位一體的結構改革下，刪減地方機關補助金的結果，使得地方政府爲了抑制人事費用逐漸刪減公務員的定額。」

進一步加速這個狀況的，是二〇〇〇年代掀起的「批判公務員」浪潮。當時的輿論壓倒性地認爲，政府財政緊絀應該刪減人事費用，減輕人民賦稅的負擔。

「最早變成兼任職的，是『照護性公務員』──照服、窗口應對、圖書館館員等經常與居民直接接觸的公務，硬要說的話，就是大都由女性負責的工作。」

「官製窮忙族」的連帶情況益發惡化，越來越難以被看見。當初很多兼任職員是直接與地方機關等簽署雇用契約的，現在，如前文所述，地方機關將全部業務委託給企業，外包企業雇用包含非正規員工在內的雇用型態則逐漸增加。

舉例來說，由於行政機關將圖書館和親子館的經營外包，因此不需要管理委託單位的員工。員工也因為並非直接接受雇於行政單位，因此很難將工作上需要改善的地方，以及使用者的期望等直接接傳達給行政單位。

竹信三惠子警告，此一狀況不僅僅產生受雇者貧窮這樣的問題而已，也會嚴重影響國家和地方機關提供的服務狀況。

「長期的人手不足將會造成行政服務惡化。近十多年來，人們對公家機關的服務需求驟增。日本在全球化下，雇傭關係變得不穩定、社會貧窮化、家庭福利日漸稀薄，人們對教保、照服、低收入戶生活補助、就業諮商等行政服務的需求提高，如此一來，行政服務的工作量與日俱增，卻要減少人事費用——承受這一切矛盾的，便是非典型雇用的公務人員。」

無止境的找工作

就職活動上，找工作的結果深受該年的景氣左右。有面臨「泡沫經濟期」、「景氣上升的時機很幸運」的人，或者與之相反者。然而，萬一運氣與時機好壞持續影響著之後的人生，可以說就非常不合理吧。

找工作時期與就職冰河期重疊的安藤結衣子（四十二歲）就是經歷這種不合理的人。結衣子畢業於一九九五年，是日本制定「男女雇用機會均等法」的十年後。根據均等法，日本社會雖然誕生了與男性並駕齊驅工作的「第一屆女性儲備幹部」，但也只是極少數的一部分人。之後，從事輔助性質的一般（行政）職女性還是占壓倒性多數。然而，進入九〇年代後，除了經濟衰退，也受到辦公室數位資訊化、全球化的影響，行政、輔助性質的工作銳減。越來越多企業減少招募行政職，這些原本由女性從事的工作大都換成了派遣等非正規職位。這股趨勢便是在就職冰河期形成的。

同時期，派遣公司保聖那（Pasona）注意到「沒有地方上班的女大學生」與「雖然不想要正職員工，但需要年輕女性的大企業」雙方的需求，於一九九五年開啓了「新鮮人派遣」。派遣公司對沒有實際工作經驗的社會新鮮人實施員工培訓，在他們累積一定技術後派遣到企業裡。現在的「新鮮人派遣」有所謂的「介紹預定派遣」，派遣期滿後，企業與勞動者若達成共識下可直接雇用——但一開始並沒有這種機制。

大學畢業後，結衣子便是以這樣的「新鮮人派遣」身分開始工作。

「我畢業前的就職活動並不順利，中途雖然把目標改成公務員，考試卻落榜了，正當我不知道該怎麼辦時，接觸了新鮮人派遣。前半年，繳錢給派遣公司後，接受商業禮儀和操作辦公室機器設備的培訓，學到了一定知識，就被派到零件大製造商的會計部。」

工作積極的結衣子在職場上備受重視，她說派遣員工和公司員工在負責工作、加班或是假日出勤方面沒有兩樣。時薪大約爲一千三百日幣。由於該公司一直到三年前都還有開放招募新鮮人的行政職缺，因此與結衣子同年的短大畢業女生也是以正職身分工作，但結衣子說因爲自己積極「想學工作」，並不會感到低人一等。

就這樣，在即將兩年的時候，公司向結衣子詢問：「四月開始要不要以正職身分工作呢？」

「因爲是直屬主管問的，我覺得是自己的工作得到了肯定，非常高興。不過，主管跟我說『需要有個形式上的人資面試』後，事情就再也沒進展……接著某天，主管叫我過去，說：『之前那些話，妳就當沒聽過。』讓我大受打擊。」

不久，結衣子知道公司重新開放招募新鮮人，一名短大畢業的新員工將進入公司，取代自己。儘管如此，結衣子還是花了一個月仔細進行交接，做完兩年的派遣工作。

暫停開放一般行政職缺的大企業爲了補人，也會暫時恢復招募。即使是就職冰河期時局也會有所起伏，但現實是畢業年度僅僅差一、兩年，就業狀況就會不一樣。

「主管之前也有跟會計部同事說我可能會轉正職，但在我離開時，說法卻變成『雖然有跟安藤提過，但本人拒絕了』。或許可能是覺得尷尬才這樣說的，卻讓我沒辦法再相信人了。」

之後，結衣子主要還是以會計相關工作在派遣地點服務。由於結衣子早期便註冊派遣公司了，對擁有技術這件事的重要性很有自覺，在轉換數個派遣企業過程中報名了證照補習班，通過了簿記二級檢定。

接著，於三十歲左右，成了科技業公司的正職員工。

「那是科技泡沫的全盛時期，以年輕人爲主的新公司氣勢如虹，我也被交付了全部的會計工作。」

然而，工作兩年半後，上市失敗的公司業績越來越差。她在裁員下離開了該公司，但預計合併前公司的科技業公司看中她的會計能力，向她挖角。

「那間公司的目標也是短期上市，我的工作排程非常急，每天都趕不完，一直工作到末班電車的時間。回到家都一點左右，睡眠時間大約四到五個小時，假日都睡得像死人一樣。」

這樣的生活持續了三個月的某天，結衣子因爲原因不明的高燒臥床不起。

「就算想起床，身體也不聽話，我在醫生建議下去看了精神科，精神科醫生跟我說：『我開診斷書給妳，請妳馬上休職。』」

之後，結衣子大約休息了兩個月，之後沒有回去公司，選擇離職，又再一次找新工作。結衣子回憶說，過程非常困難。

「因爲我不想再回去派遣公司，便鎖定會計類的正職職缺，然而完全沒有面試機會。我很自責，覺得或許是因爲自己派遣經歷很長，加上前公司又是三個月離職的關係才會這樣。」

結衣子離職時是二〇〇八年底，正値全球金融海嘯下的失業潮，日比谷公園舉辦「過年派遣村」的那個時候。當時，她三十五歲。

「我正和家人一起吃著飯，看到電視上派遣村的畫面，就像自己身在其中的難過。原本就是公務員的父親大概沒經歷過找工作的辛苦，對我說了很嚴厲的話：『妳爲什麼工作都無法持續下去？』或是『也不結婚，將來想怎麼樣？』等等，不停抱怨……母親也是說些『如果一開始在那間公司成爲正職就好了呢……』沒有意義的話。待在家裡就是不停累積壓力，眞的很難過。」

在父親面前必須從事一份穩定工作的壓力令結衣子十分痛苦。但任憑她馬不停蹄地尋找就是找不到正規職缺，在失業一年後的二〇一〇年，決定放棄正職的目標，接受非正規的工作。那是大學的會計，工作合約三年。

「因爲知道工作合約有期限，所以我一直有在找工作，已經不知道寫了多少履歷了。話是這樣說，但一邊工作一邊求職，面試時間受限的關係，很不容易。最後，我還是沒找到正職工作，又去了另一間大學做兼任職員。」

那便是結衣子現在的工作。合約是一週工作五天，早上九點半到下午四點半，月薪近十萬日幣，實則不到七萬日幣。而由於又是三年的約，結衣子也得找時間寫履歷、尋找下一份工作。

無止境的找新工作……

「如果我是一個人住的話，應該已經餓死了吧？我現在的狀況是連負擔面試的交通費都覺得吃力。即使如此，我還是有給家裡錢，之前每個月大約是六萬日幣，我請父母讓我改成三萬日幣。就像父親說的一樣，我自己也有一部分責任，找不到穩定的工作是因爲技術不足。

我應該更加磨練自己，累積經驗才行……」

回顧以往，從大學畢業成爲派遣員工以來，結衣子一直積極面對自己的工作職涯。正因爲情況不穩定，她比別人加倍努力，提升自己的專業，對自己的職涯算是很有自覺。只因爲出生年度、大學畢業年度、換工作年度等機緣巧合而無法找到穩定的職場，絕非是她自己的責任。

「關於將來，我沒辦法想得太具體，結婚這件事也是……現在的我就算結婚也是要依賴對方吧？如果是才色兼備的年輕女生或許不一定，但像我這樣狀況的人想結婚什麼的，就太自不量力了（笑）。總而言之，無論將來如何，首先要解決的就是有一份穩定的工作。」

誠如結衣子所言，過了三十五歲換工作非常困難。年齡一旦上升，正職不用說了，包含派遣一樣越來越難錄取。我也曾跟比結衣子再早一些世代、於泡沫經濟期工作的女性聊過，即便是她們，只要沒有特別突出的資歷或證照，舉凡做過非正規的工作就很難再回到正職市場，一超過三十五歲，便面臨即使派遣工作也難找的狀態。

只要「女性的價值＝年輕」這種想法嚴酷地存在，就會有女性隨著年齡增長越難找到好工作的現實。

製造聯繫的場所

在派遣工作等非典型雇用的場合中，有些人也很少有機會與工作上的同事連結，越來越孤獨。長年提供女性職涯諮詢的職涯顧問錦戶香織，最近爲非正規工作的單身女性辦了一個聚會。職涯顧問，聽起來像是深具職場經驗的成功女性才會用到的樣子，其實也有許多從事非正規職的女性來找香織諮詢。「拚命努力卻不順利」、「一跟別人比較就很沮喪」、「想到將來孤單一人就很不安」等等，每個人都有深深的煩惱。

香織說：「我希望大家藉由和相同情況的人交談，相互放鬆心情，找到生命的活力。」聚會上，大家自由地交流近況，彼此分享聚會前決定的一個小目標，自己有沒有達成了等等。

「像是幫植物澆水啦、寫日記等等，眞的是小小目標就可以了。」

多數女性都有派遣和兼差等流轉於許多公司的經驗。每次契約期滿後，就必須從頭開始再找工作。

「面試時她們會聽到『爲什麼一直在做非正規的工作』、『換了很多次工作，有什麼理由嗎』、『爲什麼一直單身』等問題。即使提出問題的人並非刻意，但女性卻會被這些言語深深傷害，漸漸失去自信。」

據說，香織舉辦聚會的目的，就是希望為這些失去自信的女性取回自我肯定的感覺。

「沒做過正職自然缺乏公司培育的經驗，沒受過斥責的另一面也就是沒有得過讚賞。於是，有不少人不知道自己擅長什麼，優勢是什麼。明明身上有很多可以寫在履歷上的加分點，本人卻完全沒發現。」

香織說，所以她必須製造機會讓這些女性相信本來的自己、肯定自己。

急病與非正規職的單身者

這一連串有關年輕女性與非典型雇用的相關問題，並非在否定非典型雇用這種工作方式。也許有人會覺得，如果被迫過度勞動、身心俱損的話，那用自己的步調適度工作就好了吧。另外，非正規的工作模式在面臨生病和受傷等意外時，有非常危險的一面。尤其是單身的話，情況會更加嚴重。

栗原佐知（四十三歲）二十歲畢業於專門學校後，長年以非典型雇用的身分工作至今。

「因為我念的是藝術類的專門學校，身邊也有很多人沒去上班，一直在打工，所以我並不會抗拒非正規工作。當時還有著泡沫經濟的餘威，找工作並不難。」

佐知在警衛、送報、行政人員、工人等各種打工之間流轉，持續了大約四年這樣的生活。儘管如此，據說警衛的日薪約一萬日幣，生活完全沒困難。

之後，佐知開始在區公所清掃局的回收課擔任專案委託人員，負責紙類回收和拆解大型垃圾等。這份工作年收含稅約二百八十萬日幣，上班地點距離家裡步行五分鐘，由於工作會準時結束，也能確保個人的時間。三十歲後，佐知在家附近租了間房子，開始過著與貓咪同居的生活。儘管對將來隱約感到不安，但她說，一個人的小小日常過得十分充實。

「我利用自由的時間拿了各式各樣的證照，從巴士和卡車的大型第二種駕照、拖吊車、堆高機、危險物品處理證照，到文字處理檢定二級、商業電腦，甚至還有居家照護員一級和二級證照，完全不相通，很好笑吧？」

就在工作了十六年後，有關單位改變了垃圾處理的相關行政方針，廢除了回收課。於是佐知專案負責的工作也沒了，不得不換新工作。

「我知道這個工作總有一天會消失，早已經有了覺悟。雖然過去一直都是在做非正規工作，但這次想要成爲穩定的正職員工，便利用居家照護員一級的資格應徵了照服員的工作。照服員似乎是市場寵兒的樣子，我馬上就得到下一份工作了。」

然而，就在上任前的健康檢查中，佐知得知自己罹癌的消息。

「那是再過一星期就是新公司就職典禮的某天，我去健康檢查的醫院突然打電話過來告訴我這件事，說癌細胞有轉移的可能，要我盡快接受檢查……我實在太過震驚，倒了下來。」

佐知決定立刻手術、住院。雖然也思考了難得獲得錄取的正職有沒有繼續下去的可能，但因完全無法預測今後的事而終究不得不放棄。

「單身生病的話眞的很難過。我的父母雖然住在附近，但父親是重度失智症，母親光照顧他就忙不過來了。雖然最近有很多術後不住院、每天去醫院打抗癌藥物的案例，但沒有人陪的話還是很辛苦。我住在公寓五樓，因爲是老公寓，所以只有樓梯，每天光是回家就是大工程。」

幸好，在得知她生病後，從小認識的朋友便搬過來一起同住，因此獲得幫助。她說一連串事情徹底改變了自己的人生觀。

「我朋友也是單身、養貓，平常我們各自不在家的時候會把鑰匙交給對方，互相照顧貓咪。手術當天的陪伴啦、去區公所窗口準備必要文件等等，如果沒有她，眞不知道怎麼辦……」

佐知的癌細胞沒有轉移，加上早期發現，如今恢復良好。

「如果是正職工作，結婚有伴侶的話，就算突然生病，收入也不會中斷吧？可是，換成非正職工作又單身的話，很可能一口氣就沒了經濟來源。我每個月的醫療費是十萬日幣，雖然因爲是公立醫院，不用付差額病房費，但住院期間依然還是要付租屋處的房租和電費、瓦斯費等等……一想到未來就很不安。其實，當初決定出院時，醫院的社工還建議我：『可以領低收入戶生活補助喔。』我的確是生病、單身、沒辦法工作，但突然變成需要領『低收入戶生活補助』，依然很震驚。」

出院後，佐知重新尋找工作，開始在特教班擔任教師助理。考量到身體狀況，她一週工作四天，以囑託合約工作。雖然扣掉稅金等等的實際月收約爲十三萬日幣，但佐知決定先不管那麼多，以調養身體爲優先。

佐知現在仍和那位從小認識的朋友合住。

「我一直覺得單身很輕鬆，但發現若是對意外沒有準備的話是很辛苦的一件事。不知道是不是物以類聚的關係，我身邊有很多單身的人，多少也有些自己不在家時會來幫忙照顧貓咪的朋友（笑）。今後我也要好好珍惜與她們的關係。」

非典型雇用的黑暗

本章，主要探討以非正規身分工作的年輕女性所處的現實樣貌。

學歷越低，從事非典型雇用職的比例越高，第一份工作如果是非典型雇用的話，之後要轉換為正規工作並不容易。而即使擁有正職經驗，一旦走上非正規的道路，就會因為缺乏工作經驗、年齡偏高、上一份工作短時間內離職等各式各樣理由，難以從非典型雇用中脫身。

雇用非正規化也擴張到了公職，陷入「官製窮忙族」狀態的人逐漸增加，即使有工作生活也十分拮据。尤其是女性眾多的職場中，她們正走向替換成非正規職位的路上。

從第三、四章介紹的女性案例，便清楚的顯示出一個現實——她們只有緊緊抓住正職身分，工作到不成人形，或者成為非典型雇用員工，與貧窮為伍這兩種極端的選擇。這些女性並非能力差或是努力不足，其中甚至也有人把自己逼到生病，拚命工作。

很多時候讓人不得不覺得，她們會不會只是基於偶然的因緣際會而陷入嚴峻的狀況，像是高中退學、遭遇職場騷擾、就職時期是超級冰河時期等等。然而，這些巧合有時卻會纏著人一輩子。無法單憑一己之力脫離的負面連鎖——需要我們積極協助她們逃脫出來的連鎖。

V

結婚生子的壓力

想要小孩

單身女性懷抱的煩惱中，除了工作與家人之間的關係外，有關結婚生子的問題也很多。尤其是對有小孩這件事的複雜心情，經常令人百感交集。

寺本邦（三十九歲），每天早上一睜開眼都感到一股難以言喻的強烈焦躁。

「會覺得『啊……我的卵子又老一天了，可能已經生不出小孩了』。心情很慘澹。」

邦現在沒有交往的男朋友，生育年齡的極限卻一分一秒逼近，但這件事只靠自己一個人完全無能爲力。邦說，「卵子老化」從幾年前就吵得沸沸揚揚，每次聽到這個詞就像在說自己一樣，心如刀割。

「不用搬出『老化』這個詞，女生只要一過三十五歲就會被說『圈高』（譯註：在日本，孕婦超過三十五歲，媽媽手冊上會被蓋上一個圓圈，裡面寫著「高」字，代表高齡產婦，近來因爲有歧視嫌疑而被廢除），成爲高風險的高齡產婦，這種事我也知道啊。最近越來越常在電視報紙上看到三十五歲過後受孕機率就會突然下降的圖表，或是年輕卵子與老化卵子的比較照片。讓我有種已經夠清楚了，希望大家別再霸凌年紀大的人的感覺。」

邦大學畢業後一直在出版社擔任編輯工作，三十歲後轉為自由業者。

「年輕時覺得工作好有趣，但也覺得截稿日前理所當然的熬夜通宵狀態應該無法持續到四、五十歲。不知道是不是工作壓力的關係，我的生理期很不規律，我對這件事也很擔心，因為希望『將來有一天能夠結婚生子』，於是決定辭職。」

邦之前的男友是在快三十歲時認識的，交往了約五年。

「我會意識到未來的事，但對方似乎完全沒這個意思……拖拖拉拉交往著，不小心三字頭就過了一半。」

邦說，原本自由業的工作很順利，賺得比編輯時期還多，但受到出版業不景氣影響，案子減少了，年收一度降到兩百萬日幣以下。

房租變得越來越有壓力，邦決定回到老家。

「都一把年紀了，還依靠用年金生活的父母，很丟臉吧？將來要如何照護父母也是個嚴峻的問題。再進一步想到自己的事就會覺得很難過。父母死後，未婚、沒有小孩的我就會孤零零一個人──我更擔心這件事。現在，無依無靠的老人死後無人發現的『孤獨死』已成爲社會問題，其實孤獨死也會發生在更年輕的世代身上，完全不能當作事不關己。」

邦最近變得連週末也常常閉門不出，每當這時候，腦海裡湧現的就是小孩子的事。

「我反覆想著，現在或許勉勉強強還來得及，但現在開始認識對象、結婚、生小孩……一步步按部就班的話，時間就沒有了。以前很害怕的『奉子成婚』，現在竟然會變得很羨慕……」

日本社會反對高齡產婦的意見也不少──對胎兒健康帶來的影響、是否有體力帶小孩、能不能負擔經濟責任到小孩成年等各式各樣的批判。這個世道，無論是十幾歲生孩子，還是延後到四十多歲生孩子，都會遭到否定。

對想要孩子的單身女性而言，凍卵這個方法也是擴大未來生育可能的一種選項吧。邦說，她也查過凍卵的資訊。

二〇一五年二月，千葉縣浦安市決定提供凍卵津貼做爲少子化對策的一環。由於凍卵不適用於健康保險，據說包含每年重新凍結的費用在內，也有高達近百萬日幣的案例。津貼的適用年齡層爲二十五至三十四歲。接受補助的話，預計可以減少三成左右的負擔。此外，美國的蘋果和 Facebook 等企業針對凍卵，也開始以津貼做爲一種員工福利。

儘管攸關生命倫理的問題，但生殖醫學日益進步，「生孩子的可能性」今後也會持續擴大吧。然而，這對所有女性而言不見得是一種「福音」，隨之而來對「沒有生孩子的女性」、「沒有努力生孩子的女性」的社會眼光，是不是也會變得更加嚴厲呢？

「再過幾年，無論我怎麼想，都要接受『沒有小孩的人生』這件事吧？或許我從三十五歲過後就開始一點一點在做心理準備了。可是，聽到各式各樣的資訊，內心又會動搖，越來越不清楚自己眞正想要的是什麼了。」

若不是處於這個時代，邦是不是就不會這麼痛苦了呢？

「單身女王」的登場

這個時代，人們已經越來越少有機會介入別人已婚／未婚、有小孩／沒小孩的這些事了。應該沒有很多人能夠完全掌握工作上認識的人或是興趣相同的朋友的家庭組成吧？無論同事或是相交多年的友人，都有可能不清楚他們的隱私不是嗎？婚姻史、是否有伴侶、家庭組成等是個人隱私，隨便涉入的話，甚至有可能變成「性騷擾」。就這層意義而言，日本或許可以說是來到一個更自在生活的時代了。

相反的，一九五〇、一九六〇年代的日本，是男大當婚、女大當嫁、有小孩理所當然的時代。舉例來說，一九六〇年，代表人口中五十歲尚無結婚經驗比例的「生涯未婚率」，男性保持在一．三%，女性一．九%。然而，九〇年以後，生涯未婚率持續激升，二〇一〇年男性達到二〇．一%，女性一〇．六%，預計到了二〇三五年，日本男性的生涯未婚率將上升至二九．〇%，女性則爲一九．二%（圖5-1）。

這個數字的背後，意味著女性步入社會伴隨而來的勞動力上升。進入八〇年代後，職業女性乘著泡沫經濟和男女雇用機會均等法成立等順風車，成爲鎂光燈的焦點。社會上，即使結婚也繼續工作的女性逐漸增加，另外，也出現了選擇夫妻雙薪、沒有小孩子這種生活方式的頂客族（DINKS, double income no kids）。泡沫經濟鼎盛時期，無論男女都勤奮工作，享受富裕的生活。大家看似也漸漸認同了女性不只結婚、生子，還有更多元的生活樣貌。

另一方面，相較於華麗的職業女性，家庭主婦的形象便十分不起眼。生活被家事和育兒追著跑，無論經濟還是時間都沒有專注在自己身上的餘裕。即使不再帶小孩而想就業，也很難找到理想的工作。

雖然日本雙薪家庭的數量在一九九五年超過了單薪家庭，但職業已婚婦女的工作多爲年收不到一百萬日幣的兼差勞務。在沒有育嬰假的當時，若非相當的覺悟或是幸運的環境，女性就只能在「工作」和「生小孩」之間二擇一。

在這種情況下，歌頌自由、富裕生活的單身女性會對結婚生子躊躇不前也是無可厚非的吧？

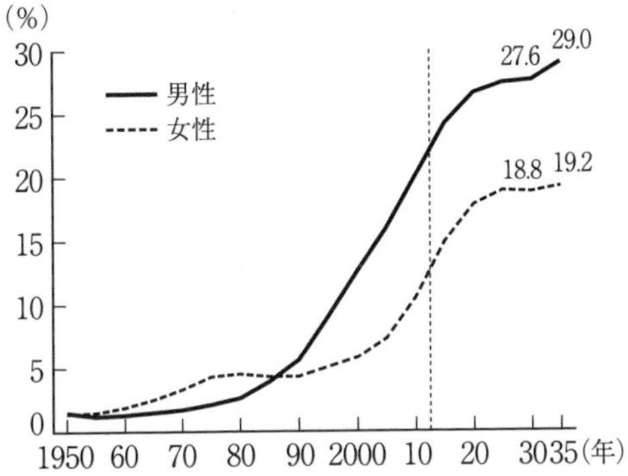

(註) 生涯未婚率係指 50 歲時完全沒有結婚經驗者在總人口中占的比率。2010 年爲止的數字根據《人口統計資料集》，2015 年後則是根據「日本家庭展望推估」中 45 ～ 49 歲者的未婚率與 50 ～ 54 歲者未婚率的平均值。

資料來源：厚生勞動省。

圖 5-1 生涯未婚率的演變

泡沫經濟破滅後的一段時間裡，大家並沒有推翻對職業女性的正面印象。「單身女王」一詞也是這股風氣中的一種表現吧。已故記者岩下久美子將「單身女王」定義爲「能夠自立、保持自身個性的成熟女性」，以這個詞取代過去「老處女」、「滯銷」這類一直綁在單身女性身上的歧視稱呼。媒體也經常打著「單身女王」的名號製作報導和特輯，儘管其中大都是和已婚生子的女性相比，單身職業女性經濟獨立、不用爲家累煩惱、青春永駐等刻板印象，卻也都是正面的含義。

連「敗犬」都當不成

另一方面，在「單身女王」的存在得到人權的背後，日本社會少子化的發展，成了一大問題。一九八九年，日本總生育率——女性一生中所生育的子女數量，跌至一・五七。以第二次嬰兒潮[2]爲頂點，日本新生兒數量不斷逐年遞減，終於在一九六六年的丙午年下達到戰後最低點。其後，出生率持續低下，「不生小孩的女性」社會壓力漸漸升高。

爲這種狀況再補上一擊的，或許就是「敗犬」一詞的登場吧。

所謂「敗犬」，是散文作家酒井順子在《敗犬的遠吠》（講談社，二〇〇三年）一書中，賦予「三十歲以上、未婚、沒有小孩」女性的稱呼。該書創下了非小說類書籍前所未有的暢銷紀錄，「敗犬」一詞瞬間「舉國皆知」。所有媒體都在做「敗犬」特輯。據說，開響第一砲的，是《週刊文春》和《週刊朝日》等以男性讀者爲主的雜誌。

當時的責任編輯分析道：「書籍會暢銷是拜有『敗犬』屬下或女兒的中年大叔世代，認同年齡層廣泛所賜。」

該書於二○○三年十月出版，同年六月，因當時的首相森喜朗在少子化問題的討論會上，以「一個小孩都不生的女性讚頌自由，開開心心地變老，然後說請用稅金照顧，很奇怪」的一席話成了話題。

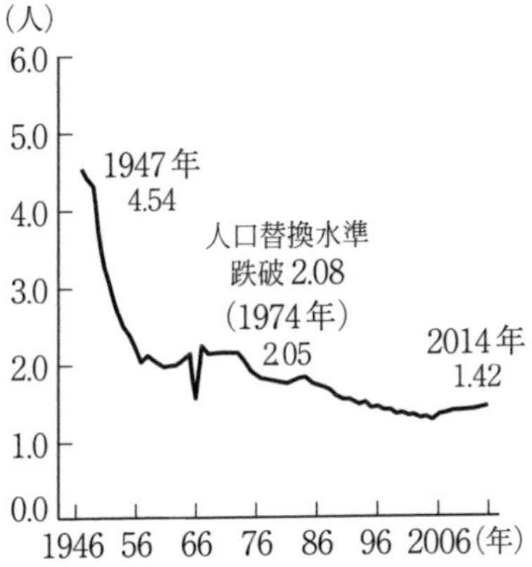

資料來源：厚生勞動省「人口動態統計」。

圖 5-2 總生育率的演變

儘管這番發言十分荒謬，但包含森前首相在內的「中年大叔世代」，不能理解從結婚生子這道社會規範中脫離的女性，因而對該書產生興趣，想了解她們的眞面目應該也是事實吧。

我們可以窺見在出生率持續創新低的當時，三十多歲未婚女性的存在已經成爲國民關注的對象。

進一步該注意的，應該是「敗犬」一詞已

2 指日本出生於一九七一至一九七四年的世代，也稱團塊二世代。

經遠離書中本意，或是《敗犬的遠吠》被誤導（實際上沒有看過本書或是對結婚生子的「信仰」過於強烈以致缺乏解讀能力）的方向吧。

只要有讀過書籍便能了解，酒井順子並不是否定所謂的「敗犬」立場。在「已婚還是未婚」這樣的束縛已經消失的現代，單身在經濟與時間上都更爲自由，也比較不會受到阻礙。這本書是作者以幽默自嘲的方式表現自己「敗犬」的情況，包含「即使如此，這種生活方式也不差吧？」的極致諷刺之作。

然而，書籍出版後只有「敗犬」一詞與原書旨趣漸行漸遠，現在，「敗犬」對年輕女性來說是「不想變成那樣的象徵」，多用在負面意義上。

前文雖然說「敗犬」的定義是「三十歲以上、未婚、沒有小孩」，但嚴格來說，這個敘述前還有下面這句話——「無論是美女還是事業有成」。也就是說，《敗犬的遠吠》中出現的「敗犬」是以擁有事業與經濟能力爲大前提。

其後掀起的「敗犬之爭」，設定的基準也是「敗犬職業女性」vs.「勝犬全職主婦」，數量應該也不少的「既無事業也無經濟能力」的敗犬幾乎遭到忽視。

《敗犬的遠吠》作者酒井順子生於一九六六年的泡沫經濟鼎盛世代，應該是在歌頌工作與私生活後，選擇成爲「敗犬」的吧。然而正是因爲有餘裕才能夠自嘲「敗了」。若是既無事業也沒有經濟能力的「敗犬」可沒有這樣的勝算，恐怕連勝犬vs.敗犬的想像都不會出現。

該書有個段落寫道，雖然「敗犬」或許在沒有生小孩這層意義上對國家沒有貢獻，但在賺錢、繳稅這層意義上，都對國家與經濟做出了貢獻。然而，現在有許多的「敗犬」別說是沒生孩子了，甚至也沒有賺錢。她們還很有可能無法負擔稅金，成爲社會保障的包袱。在這種情況下，年輕女性對「敗犬」持有負面印象是極爲理所當然的吧？

無緣社會、震災、聯繫

與「敗犬」風潮同時，被視爲日本巨大社會問題的還有雇用關係的持續不穩定，以及社會貧富差距的過大。

《NHK特別報導》節目二〇〇五年和二〇〇六年依序以〈飛特族（freeter）的漂流〉、〈窮忙族〉等專題，探討了青年的雇用非正規化和貧窮問題，引起了社會大眾的關心。

二〇一〇年一月，〈無緣社會〉播出。節目中探討了警察和地方政府機關無法掌握身分的「無名屍」、無人認領的屍骨去向，以及獨居老人孤獨死的現況。在地緣、血緣、社緣崩解下，日本一年有超過三萬人在無人送終之下孤獨死，節目內容爲社會大眾帶來莫大的衝擊。隨著高齡社會的發展，獨居老人急遽增加，孤獨死的風險也逐漸擴大。

〈無緣社會〉節目收到了廣大的回響，來自三、四十歲世代的人尤其熱烈。網路和推特上陸陸續續出現了「沒辦法置身事外」、「感覺自己再這樣下去也會孤獨死」的發文，據說數量超過了三萬則。之後，電視台一個接一個地製作了與無緣社會相關的節目，有關書籍也陸續出版。

另一方面，「無緣社會」這個詞也不免給人「有連結（緣）關係」、「有可以仰賴的家人」是對的，「無連結（緣）關係」、「沒有可以仰賴的家人」是錯的的印象。雖然大部分關於無緣社會的書籍指出，重新檢視戰後逐漸淡薄的地緣、血緣和社緣也很重要，更重要的是，找出能變成這些連結的新「緣分」。然而，「無緣」一詞實際使用上似乎已經與原始意義相差甚遠，某些部分是不是也在貶低沒有緣分可連結、沒有家人的人，將責任歸咎在他們身上呢？

雖然獨居老人的貧窮率一直以來就居高，但隨著無緣社會一詞的流行，應該更讓大眾強烈意識到單身沒有家人這件事的「恐懼」吧。

與無緣社會先後蔚爲風潮的，是二〇〇九年的流行語「婚活」。最早使用「婚活」一詞的，是由社會學家山田昌弘與少子化新聞記者白河桃子（山田昌弘、白河桃子《「婚活」時代》，Discover 21，二〇〇八年）兩人。任何人都可以結婚的時代已經結束，就像尋找工作、從事就職活動的「就活」一樣，爲了結婚，必須積極、主動才行，此一主張受到許多年輕人與父母認同。

自一九六五年以來，自由戀愛結婚的全盛時期雖然持續了很長一段時間，但隨著「婚活」風潮，利用類似過去相親結婚模式的熟人介紹或是婚姻介紹服務的人卻也逐漸增加。這種婚活風潮的背後，無疑是對等在「敗犬」終點的「無緣社會」之恐懼。

這種對無緣社會的恐懼與回歸家庭的趨勢，更受到二〇一一年三一一大地震的影響。三月十一日夜晚，地震襲擊大城市後所引起的恐懼與不安籠罩了全日本，電視上播放著大眾運輸工具癱瘓下，從職場走回家的人群身影，他們的目的地，有著珍愛的「家人」。反觀自己，既沒有自己珍惜的也沒有珍惜自己的對象。許多單身女性在大地震後持續的停電與餘震的恐懼下顫抖的同時，眞正感受到孤單一人的現實。

大地震後，持續令人切身感受到「家人」與「連結」的重要：訴求人與人聯繫的公益廣告、避難所裡終於含淚重逢的家人、地區之間的連結、和同事的羈絆等等，人們重新認識這些關係，邁向重建……那是任何人都無法否定的美好光景。

三一一後轉向結婚的人也增加了。據說，震災一個月後，某間百貨公司的婚戒銷售比平常成長了四成，每處婚介服務的資料申請和加入人數也都提升不少。女性雜誌也製作了〈「現在就想馬上結婚！」不行嗎？想要依偎所以「絆婚」〉（《MORE》，二〇一〇年九月號）等特輯。

在越來越多人沒有結婚的潮流中，歷經無緣社會的蔓延與三一一大地震，除了年輕人，有許多人的價值觀轉向了「回歸家庭」。

一億總活躍社會目標下的「育兒協助」

現今，「回歸家庭」的時機又更加成熟了。安倍政權將女性活躍當作經濟成長戰略的支柱，爲完善女性工作、生產、育兒的友善環境推出各式各樣的政策。

不過，少子高齡化社會的對策早在安倍政權成立之前便已經推展了，這十幾年間，陸續成立了「修正育嬰、看護休假法」（二〇〇一年）、「工作與生活協調（work life balance）憲章」

表 5-1　日本近年少子化對策相關法令一覽表

1994年	天使計畫
2000年	新天使計畫
2001年	修正育嬰、看護休假法
2003年	次世代育成協助對策促進法、少子化社會對策基本法
2004年	少子化社會對策大綱、兒童、育兒支援計畫
2007年	工作與生活協調（work life balance）憲章
2010年	兒童、育兒展望
2013年	加速消除待機兒童計畫
2015年	一億總活躍社會「孕育夢想，育兒協助」（期望出生率 1.8）

（二〇〇七年）等法令。過去女性只能在「工作」與「生小孩」中二選一的生活方式，正在變成「工作」與「生小孩」都能選擇。

二〇一五年九月，第三次安倍內閣成立的同時，揭櫫了要讓日本實現「一億總活躍社會」，大張旗鼓提出「織夢　育兒協助」（期望出生率一．八）做爲新「三支箭」的其中一支箭。順帶一提，另外兩支箭分別是「孕育希望．強盛經濟」（GDP六百兆圓）和「安心．社會保障」（照服零離職）。內閣會議除了決定政府應迅速「促進三代同堂、同區」以協助育兒外，爲了讓社會不再有適齡卻申請不上幼兒園的「待機兒童」，「採取積極的措施」。

此外，同月，官方長官菅義偉針對兩位國民人氣演員結婚表示：「如果媽媽們都能以結婚爲契機，有想生小孩的念頭，以這種形式報效國家就好了。」

二〇一六年二月，大阪市的國中校長在全校集會上表示：「女性最重要的就是生兩個以上的小孩，這件事比在工作上累積經驗還有價值。」此話引發爭論。社會上湧現各式各樣的批評，如「沒有爲想生小孩卻無法生育的女性著想」，但事實上也聽到許多類似「校長的主張雖然一語中的，但不該在公開場合發表」這樣的意見。另外，同年四月，當紅偶像明星（二十三歲）對著參加富士電視系列談話節目的安倍首相說了，「我想生很多小孩報效國家直到身體的極限爲止，也會認眞工作」這樣的發言。

「生子」、「國家」、「報效」等關鍵字連結在一起，令人聯想到戰前「增產報國」的口號。我們無法否定賭上日本存亡，必須採取少子化對策的時機的確正在成熟吧。

不是優等生的妹妹現在是女人中的上位

黑木亞紀（三十九歲），最近被小學二年級姪女的一句話刺了一刀——

「亞紀，妳知道嗎？聽說女生過了四十歲就不能生小孩了。」

亞紀回憶：「也不知道是誰告訴孩子的，很傷人吧？但我沒有多餘的心力回她『對啊，所以妳要快點結婚喔』。」

現於自家公司幫忙行政事務的亞紀，從私立名校大學畢業後突破就職窄門，進入服裝公司擔任業務。

「那時候很常到地方上出差，有很多新發現和開心的事，但是每天都非常忙。我分配到的部門只有我一個新人，連部門內的行政和雜務都得包辦，還曾經因爲過勞得了帶狀性疱疹而住院。」

九〇年代中期，由於許多公司爲了償還泡沫經濟時期大量錄取員工的債，減少新人錄用，因此出現了「新進員工一人」和「不管過幾年都沒有後輩進來」的狀況。

「因爲父母反對我一個人住，每天得花將近兩個小時通勤到都內，回家都超過十二點的生活令人筋疲力盡，我於是在第三年辭職了。」

曾於假日前往芳療SPA館療癒身心的亞紀，決定去念精油按摩學校。完成一整套課程後，亞紀收到要不要當治療師的邀請，馬上開始接待客人。

「爲客人服務時，前輩會隔著簾子站在一旁一一聽我與客人的對話，要我注意非常細枝末節的事情。因爲我們有很嚴格的業績目標，要是無法當場得到客人下次的預約，就會遭到嚴厲斥責。更由於是否獲得客人指名關係著薪水多寡，甚至可能成爲裁員對象，因此工作氣氛一直都很戰戰兢兢。」

善於待人接物、經常獲得客人喜愛的亞紀被前輩當成了眼中釘。

「把治療當成商品讓人很幻滅吧？我覺得再這樣下去只會越來越痛苦而已，幾個月後就決定辭職了。」

恰巧在那個時候，亞紀的母親請她幫忙家裡的工作。

「其實她很久以前就跟我說了，但我覺得一旦答應就會再也無法脫身，所以一直迴避。但媽媽說公司營業額下滑沒有餘力再雇外面的人，讓我無法推託。」

亞紀一直是個回應母親期待的「乖小孩」，從小學開始上補習班，進入母親希望的明星中學。因爲喜歡畫畫，大學時想念設計，但母親卻說：「念美術這種東西一點用都沒有，妳多少也爲家裡的工作著想吧。」亞紀無法違逆，便進了經濟學院。

相對的，據說亞紀的妹妹則幾乎沒有受到母親任何壓力，自由自在地長大。

「我妹妹是男朋友一個接一個的類型，短大畢業後就離開家到男友家同居。明明我當學生的時候家裡門禁很嚴，甚至反對我一個人住的……」

亞紀的妹妹後來與經營公司的商人結婚，生了兩個孩子。

「妹妹生了女兒之後，媽媽的重心就集中在孫子身上了。有一次她跟我說：『雖然妳以前可能是比妹妹還棒的優等生，但妹妹和社會菁英結婚，生了孩子，抓住了身爲女人的幸福。跟她比起來，一直都沒辦法離開家裡的妳很不孝。』我立刻感覺像一直緊繃的線『啪』地斷掉了一樣。」

長年無法脫離的母親詛咒——亞紀說，即將四十歲時，終於下定決心逃離的那道詛咒。然而，十幾年來一直在家幫忙的亞紀沒有特殊專才，不能保證找得到工作，賺得到足以自立的薪水。

全方位的少子化對策

日本過去的少子化對策，基於「打造出友善的育兒社會環境很重要」的考量，將重心擺在消除待機兒童等「育兒協助」，以及抑止長時間工作這類「工作方法改革」上。主要對象終究是已婚的男女（主要是女性），然而近年來則逐漸擴大到未婚男女（包含孩童）等，橫跨廣泛的世代。

內閣府「少子化危機突破專案小組」二〇一三年的摘要中明言記載：「爲了提高少子化對策的成效，在結婚、懷孕、生子、育兒方面，以行政爲首，以至於國民、企業、學校、媒體等所有利害關係人的意識改革十分重要，必須展開行動，推廣突破少子化危機的共識。」

爲了促進「結婚→懷孕→生子→育兒」這種「無縫接軌的協助」，政府對懷孕前一個階段的「結婚」也開始積極行動。

自二〇一三年度起，日本各都道府縣、地方機關都收到了中央撥下的「地區少子化對策強化補助金」，展開蓬勃活絡的結婚協助計畫，像是提供聯誼、派對等認識對象的場所或安排一對一的相親等，內容形形色色，其中有不少令民間結婚諮詢所也自嘆不如。

「橫濱女子會——為希望結婚者而設的結婚支援講座」傳單（2015年12月）

在茨城縣，由人稱「結婚小幫手」的市民擔任地方上的媒人，將希望結婚的男女照片與其身家背景資料的「身上書」聚集後進行「配對」，據說，七年內撮合了一百對以上的男女步入禮堂。

都會地區利用該補助金的也一樣發展活絡——橫濱市一直在做各種嘗試，像是針對大學生舉辦將結婚生子納入考量的職涯設計講座等等。二〇一五年二月，大規模的結婚支援活動——「橫濱女子會 爲希望結婚者而設的結婚支援講座」，除了邀請在結婚諮詢所負責諮商的講師演講外，同時開設監護人專門企劃。

「無縫接軌的協助」進一步的對策，還有「提供懷孕、生產等相關資訊，啓蒙、普及」。內閣會議於二〇一五年三月決議的「少子化社會對策大綱」中明載：「於學校教育階段添加有關懷孕、生產等正確醫學、科學知識的適當教材」。

同年八月，文部科學省出版了《健康生活》一書做爲高中健教體育的補充教材。該書列舉了吸菸、成癮藥物的危害和預防慢性疾病等二十二個項目，在「19家庭與社會」和「20懷孕與生產」兩項中討論懷孕、生產的相關內容。

書中展示了女性根據年齡的懷孕難易度變化，以及母親不同年齡週產期死亡率的相關資料，書上寫道：「從醫學角度來看，女性最適合懷孕的階段爲二十到二十九歲，三十歲起懷孕能力開始逐漸下降，一般而言，超過四十歲便越來越難以懷孕」。

順帶一提，該統計圖表發表後，因陸續遭到「二十五歲以後數値下降得太過極端，非常

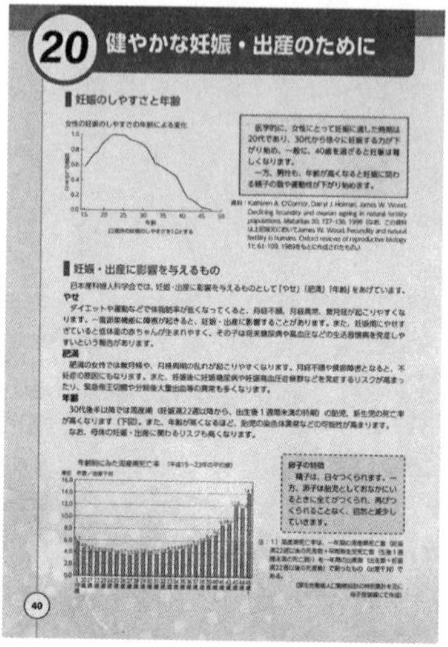

《健康生活》（2015 年）

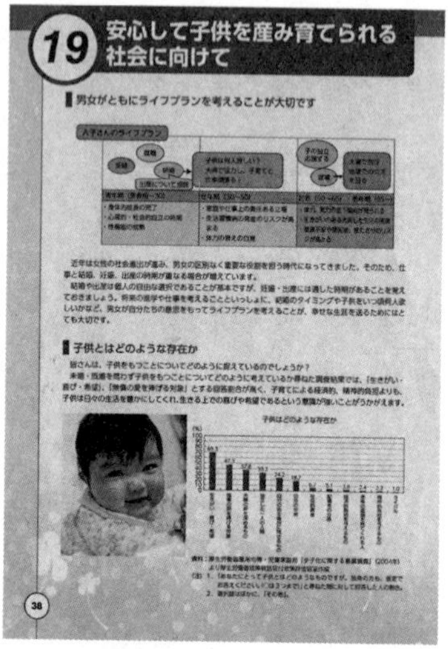

文科省製作的高中生專用補充教材《健康生活》（2015 年）

可疑」的指摘，修正了錯誤資料。儘管東北大學副教授田中重人等人表示，該圖表並非資料錯誤，而是政府故意竄改，但文科省至今並未承認。

除了這份補充教材，還有埼玉縣《祈求的「送子鳥」會來嗎？》和橫濱市《懷孕、生產 My Book》（兩者皆為二〇一五年出版）等，越來越多地方政府機關製作不孕相關的啟蒙知識手冊和網頁。

然而，這些啟蒙活動用一種理所當然的態度處理了結婚、生子等「生命大事」，從中卻完全看不到對選擇權利與選擇多樣性的考量。

世界上也有不想結婚的人、不想要小

孩的人、想要孩子卻無法得到的人以及性少數族群吧？

在政府可謂全方位推行少子化對策的環境下，有多少年輕的單身女性感受到「找對象結婚」、「準備懷孕」的壓力，爲自己努力也無能爲力的狀況所苦。

就算勉強，當初有先懷孕就好了

野口眞紀子（三十七歲），兩個月前在 share house 展開了新生活。雖然她在二十五歲便離開家，但卻是第一次體驗一個人生活。

「我跟男朋友同居了將近十年，我是銷售員，他做餐飲業，兩個人的生活都不規律，收入也不穩定。感覺他在經濟狀況穩定之前，都沒辦法考慮家庭和小孩子之類的事。」

高中畢業後，眞紀子便在服裝公司上班，之後也一直在女服飾類的商店兼職。一回神，自己已經和男友同居超過了十年，眞紀子想要結婚生子，同居男友則以經濟穩定爲優先，兩人之間的距離越來越遙遠。

「眼看著即將三十五歲，煩惱的事情越來越多，再繼續和男友過下去也看不到未來的希望。可是，我很害怕離開他家，沒有自信在這個年紀變成一個人，在經濟和精神上獨立。」

之後，眞紀子以需要照顧母親爲契機辭去工作，下定決心離開男友家，回到自己家裡。雖然母親最後還是離開了，但眞紀子沒有再回到同居男友身邊，堅持一個人生活。

「那時期心裡非常痛苦，對一個人生活感到很不安。就在那個時候，突然看到了不用訂金、禮金，租金也可以很便宜的 share house。雖然和別人共用浴室和廚房偶爾會不太方便，但感覺能夠慢慢習慣一個人生活。我現在在結婚會館做約聘員工，最近發現也有非常多大肚子的新娘喔。以前，我也覺得自己應該會平平凡凡地結婚、生子，結果一回神已經距離遙遠了。早知如此，和男朋友同居時抱定一個人養小孩的覺悟先懷孕就好了。」

非典型雇用者尋找結婚對象也很不利

過去，年輕男性雇用關係變得不穩定，被列爲日本越來越少人結婚和少子化的主要原因。實際數據顯示，男性的收入與結婚率成正比。意即，年收入越低未婚率越高，年收入越高未婚率越低。這種關係長久以來都沒改變。此外，根據第十四次出生動向基本調查（國立社會保障、人口問題研究所，二〇一〇年），不論男女，有四〇％以上的人都將「經濟問題」列爲「妨礙結婚的原因」。在我訪問的女性中也不只一人回答，雖然有交往的男友，但因爲雙方經濟都不穩定，無法考慮結婚。

那麼，女性的狀況又是如何呢？雖然不若男性顯著，但女性正職員工的結婚率以及生育率，很明顯的都比非正規職者或是無業者高。根據家計經濟研究所橫跨十年的長期追蹤調查（二〇〇四年）（圖5-3）結果顯示，二十五歲未婚的女性中，有正職工作的女性結婚率和生育率，都比沒有工作或是飛特族女性的機率還高。

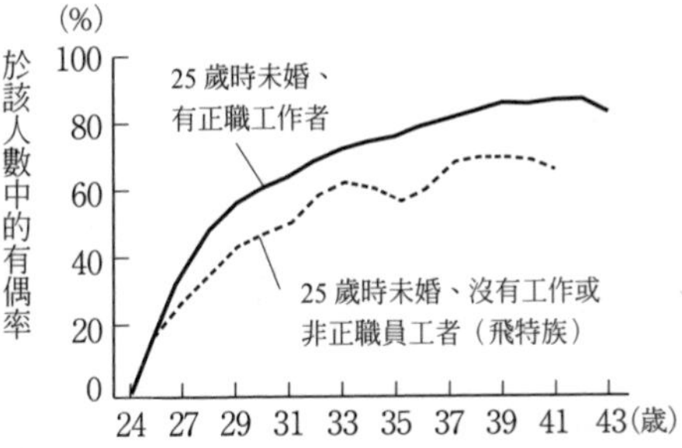

資料來源：樋口美雄、太田清、家計經濟研究所編著（2004），《女性們的平成蕭條》。日本經濟新聞社。

圖 5-3 25 歲時為飛特族的女性與有正職工作的女性之後的有偶率（全世代）

另外，同一長期追蹤調查中，針對女性詢問「理想的結婚對象」問題，回答「經濟狀況可靠的人」未婚者比已婚者還多。然而，男性工作環境也很艱難的狀況下，可以預測「經濟狀況可靠的人」逐漸減少，結婚的門檻正在提高。

男性的意識也正在改變。前文提到的《「婚活」時代》一書中，創造「婚活」一詞的少子化新聞記者白河桃子斷言：「現在即使結婚也活不下去了。」過去有很多男性「希望太太在家當全職家庭主婦」，但現在即使是正職薪資也不會調漲，未來並不穩定，「希望太太工作」的男性占壓倒性的多數。白河桃子主張，「女性若想在結婚市場勝出，也請有份穩定的工作」。

年輕女性也很了解這種狀況——「連自己的工作都不穩定了還談什麼結婚，太自不量力了」、「光是每天的生活就已經耗盡全力了，戀愛、結婚等等連想都不會去想」、「因爲之前交往的男朋友也是非正規員工，所以沒辦法考慮將來的事」……從訪談的女性口中聽到許多這樣的聲音。

即使是貧窮女子也要生

然而，女性有其限制存在。若要等到工作穩定、存到錢才生小孩的話就太慢了。因此，也開始出現了下定決心獨自育兒，挑戰懷孕生子的單身女性。

畫出《一個人生孩子》（集英社Creative，二〇一四年）的漫畫家七尾柚子便是其中一人。「總而言之，我不要錢、不要男人，要一個小孩」——在主角這種強烈決心下開始的漫畫裡，穿插了七尾柚子的個人經歷。

柚子雖然有一位比自己小的男友，但對方卻是個負債、連國民健康保險費都欠繳的萬年飛特族。另一方面，柚子自己也是僅憑漫畫無法餬口，即使打工貼補收入，年收入也不達兩百萬日幣，處於一個人生活也很勉強的狀態。

當時三十八歲的柚子，在未婚、貧窮、接近四十歲的艱困狀況中，強烈意識到「女人的時間限制」，決定當個生孩子的「單身女王」。她以孩子誕生後不要求贍養費和承認親子關係爲條件，取得男友的協助，前往婦產科、計算受孕時間，在「懷孕準備」的五個月後懷上寶寶。

然而，懷孕之後的生活非常辛苦。七尾柚子一人獨居，年收兩百萬日幣以下，沒有存款，是個貨眞價實的「貧窮女子」。除了懷孕需要花費健康檢查以及生產等費用外，自由業沒有受雇身分的柚子也無法領取育兒津貼。若是受雇員工，會在一年的育嬰假內從就業保險中收到大約一半的基本薪資，且也不用支付社會保險金，但她卻沒有這個資格。

對柚子而言，能夠仰賴的救命繩索是公家制度。她前往地方政府機關的窗口，告訴對方自己沒有結婚要生小孩子後，親切的窗口負責人建議她申請低收入戶生活補助。此外，她也得到了由國家支付分娩費用的「助產制度」，和兒童扶養津貼等生產後會得到的各種津貼資訊。由於柚子實際上的住民稅[3]並非免稅，因此無法利用這些制度。

考量到生產的花費以及產後暫時無法工作，柚子決定存下一百萬日幣，每天同時身兼餐飲店員工、活動工作人員、客服中心櫃檯等多份打工。由於擔心公司會以懷孕爲由不錄用自己，因此柚子隱瞞懷孕的事實，一週五天中有三天値夜班，一直工作到臨盆的十天前。

不過，柚子更煩惱的，是家裡的母親。當她告訴母親自己決定當個未婚媽媽時，注重面子的母親拒絕她回家生產以及幫忙照顧小孩。

克服無數的困難後，柚子平安產下小孩，現在也爲了獨自養育小孩而奮鬥著。《一個人生孩子》，這本書由於柚子「想當母親」的強烈心情以及擁有新生寶寶這麼一個希望，並沒有淪爲一部黑暗的漫畫。儘管如此，卻能讓我們重新認識女性未婚且貧窮生子的辛苦。

極端低迷的非婚出生率

像柚子一樣選擇未婚單親媽媽的人在日本極爲稀少，非婚出生率保持在二%，就算在國際間也是非常低的數字。

目前，在法國和瑞典，每兩名新生兒就有一名是非婚生嬰兒，其他歐洲各國和美國的非婚出生率也都超過了四成。法國、瑞典的出生率爲一・八，是經濟合作發展組織（OECD）

中的高出生率國家，日本、義大利等非婚出生率低迷的國家則停留在一．三左右，從這點也可以明白非婚出生率對少子化帶來的影響。

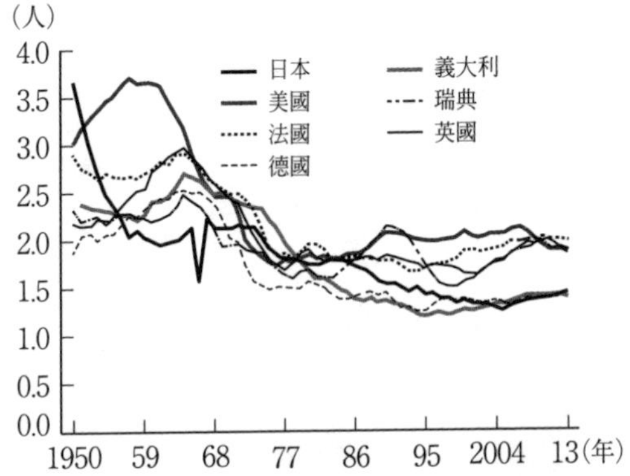

資料來源：內閣府《少子化社會對策白皮書》。

圖 5-4 主要國家總生育率的演變

歐洲各國非婚生子女不斷增加的背後，是有充實的制度，讓同居或是事實婚姻也能得到與法定婚姻相同的權利。法國的PACS（民事伴侶契約）和瑞典的SAMBO法雖然不包含繼承權，但選擇這兩種方式的伴侶除了年金的領取權外，在稅制方面也享有優待。

另一方面，日本的現實狀況，是國家至今仍對非婚生子女維持差別待遇。所以，若要採取少子化對策的話，政府首先應該消弭對非婚生子女的差別待遇，積極協助未婚單親媽媽吧。

3 又稱居民稅。地方稅的一種，指的是都道府縣民稅和市町村民稅的總稱。

大月明香（三十二歲）是選擇未婚單親媽媽這種生活方式的一人。目前育有六歲的女兒與三歲的兒子兩個孩子。

「因爲我覺得婚姻制度很奇怪，所以一開始就沒有考慮結婚。雖然對這個選擇完全不後悔，但也因爲各式各樣出乎預料的事情非常辛苦。」

明香說，由於自己過去擔任補習班老師，擁有一份完整的薪水，因此在經濟上沒有太大問題。但自從長女罹患重度氣喘，反覆住院後，生活有了巨大改變，不得不辭掉工作。

「因爲孩子經常晚上發作直接送醫，所以很難再繼續全職的工作。束手無策下，向住在約一個小時車程外的父母求助，才渡過難關。」

明香靠在家工作和兒童扶養津貼等好不容易跨越了難關，但她說，區公所的人也曾建議她申請低收入戶生活補助。

「雖然低收入戶生活補助是很重要的制度，但我也會想爲什麼只有這方面的補助呢？例如，日本能夠託顧生病小孩的地方非常稀少、課後照顧的結束時間太早等等，根本是家長即使想工作也無法如願的機制。」

此外，明香說她也不能接受未婚單親媽媽不能享有鰥寡減稅額的這件事。過去，只有喪偶者能享有鰥寡減稅額，但現在也承認離婚者爲減免對象了。

「由於幼兒園的保育費和公共住宅的房租全都以所得爲基準，因此無法享有鰥寡減稅額的影響非常大。生了孩子後，每年去區公所，他們都會確認我現在有沒有和男性同居。雖然是因爲如果有同居對象就不能接受兒童扶養津貼，但這眞的是失禮到極點了吧？」

二〇一六年，自民黨「守護家庭關係特命委員會」認爲，「政府必須促進法律上的婚姻而非年輕世代所謂的『事實婚姻』」，提出導入沒有所得限制的「夫妻減稅」方針。

政府目標的「結婚→懷孕→生子→育兒」這種「無縫接軌的協助」，不禁讓人覺得他們顯然將沒有踏入各階段的家庭——例如沒有經歷「結婚」的未婚媽媽等——視爲非理想「家庭」。相較於收養非常普及的歐美國家，從特殊收養制度、條件嚴苛、手續也不容易等等來看，收養不普遍也可謂日本的特徵吧。儘管現代家庭的形式正朝著多元的方向發展，但政府實行的少子化對策至今仍拘泥在「古老的家庭想像」中，可以說日本與時代正背道而馳吧。

少子化的大旗

本章，我們閱讀了即將四十歲的單身女性對結婚生子吐露的複雜心情，與日本婚姻觀、家庭觀的演變。

一九八〇年代後期，由於男女雇用機會均等法的施行與泡沫經濟的發展，女性開始踏入社會，女性的價值觀急速擴張，生活不再只有結婚、生子、育兒。然而，在「單身女王」、「敗犬」等經濟獨立的單身女性發光發熱的時代之後，等待她們的是全球金融海嘯與大地震。

今日，在重視家庭與關係的社會裡，單身被認為是種高風險的生活方式。本章開頭介紹的邦說：「工作非正職，沒結婚，沒生小孩——感覺這樣的自己就像『不良債權』一樣。」

安倍政權提出推動女性活躍做為經濟成長戰略的支柱，然而相關政策莫不都與日本當前緊要課題的少子化對策息息相關。應該有不少人對此感到奇怪和狹隘吧？

過去，曾有內閣大臣直言「女生是生產的機器」而遭到眾人群起公憤，但為了經濟利益與少子高齡化對策而促進女性活躍的想法，不也與前述「物化」女性的發言本質一樣嗎？

有人主張，因應少子化對策，當務之急是給予年輕人穩定的工作和生活。事實上，自二〇〇〇年代持續至今，青年男女雇用非正規化與收入減少，也和結婚率、出生率的降低有關吧。而這些雇用狀況應該要與少子化分頭進行改善，保障尊嚴勞動（decent work）才是。因為雇用非正規化與貧窮化，正是壓迫著年輕人未來選項與可能性的問題所在——當然不只結婚生子而已。

「家庭」、「關係」、「小孩」——任誰都難以否定的事物。單身女性自身也因爲這些遭到束縛，越來越煩惱。然而，並非只有有血緣的家人和小孩才能締結人與人之間的關係。甚至，我們在本書中也看到許多因爲家人而產生的困難。雖然不容易，但我認爲，不仰賴血緣，找出豐富的連結關係，或許不失爲一種解決之道。

VI

女性的分裂

事業、丈夫、小孩，什麼都沒有

「我一直覺得自己比一般人還努力，但一回神，身邊的人都有自己的事業、丈夫和小孩了，可能是我的努力還不足，但一想到這種狀況就非常難過。」

出身四國鄉下的川口澄子（四十二歲）過去一直都是優等生、好孩子。她進入縣內偏差值[4]最高的高中，兼顧籃球社和念書，應屆考上關西圈裡高難度的私立大學。由於父親已經過世，家裡經濟並不寬裕，澄子一邊打工賺取住宿費，一邊擔任橄欖球社的經理。

「雖然打工加上社團活動還有念書非常忙碌，但也過得很充實。我上了大學才知道，世上原來有努力也沒用的事，以及女生是用長相和身材來評價的事。可愛漂亮的女生只要待在那裡就會被奉承疼愛。高中之前，我一直以爲『人生是一分耕耘一分收穫』，晚了很久才發現世上並非那麼單純。」

之後，澄子在找工作時經歷了人生的第一次挫折。那是一九九五年，也是發生阪神大地震、地鐵沙林毒氣事件的那一年。幾年前泡沫經濟破滅，公司招募狀況也從賣方市場轉爲超級冰河時期。

澄子想運用擅長的英文投入旅行或航空業等也面臨慘敗。即使大學就職活動的尾聲，她不限業種繼續投履歷，事情仍不順利。

大學畢業，澄子決定一邊繼續打工一邊找工作。

「我擔心如果回到只有媽媽一個人的家裡，可能就再也沒辦法出來大城市了。我很重視母親，因爲不想讓她擔心，也想進入知名的公司讓她放心。」

之後，澄子不再侷限於大公司繼續找工作，最後確定進入與大型旅行社相關的公關活動公司任職。那是不論男女只錄取儲備幹部，無關性別都能發揮所長的職場。

「我本來就期待可以使用英文的工作，做起來也很有成就感。假日經常要上班，工作到晚上九點也很正常，公司的氛圍是大學體育會系[5]的風格，厲聲激勵新人的那種感覺。就算

4 相對平均值的偏差數值，日本對於學生智能、學力的一項計算公式值。偏差值與個人分數無關，反映的是每個人在所有考生中的水準順位。

是新人也會被分配到重要的工作，相對的壓力也很大。不過，我因爲精神比較脆弱，曾經在重要的活動前身體出狀況。前輩的責罵很難堪，因爲心理壓力還長了蕁麻疹。」

結果，澄子在那間公司工作三年後辭職。據說一辭職，身體的問題馬上就解決了。澄子再次找新工作，沒多久便得到在大學任職的機會，做的是與來日的外國研究者和留學生相關的工作。

「工作的內容很吸引人。不過有個問題，就是這個職位並非正職，而是三年一聘。當時，非正規工作不像現在被視爲問題，我帶著三年後再找下一份工作就可以的輕鬆心情去應徵了。」

相較於前一份工作，大學的薪水雖然大幅減少，但由於有獎金，對維持一個人生活來說綽綽有餘。這份工作幾乎不用加班，能夠擁有充分的私人時間。

三年合約到期後，澄子又成了另外一所大學的約聘職員，簽了五年合約擔任教授秘書。合約結束後，澄子又到其他大學待了五年……就這樣經歷了多所大學的約聘，現在也在某間大學繼續從事教授秘書的工作。

「一回神，發現已經過了十年多了。雖然每次合約結束我都有找機會想轉正職工作，但一考量到工作時間等等條件就猶豫了，漸漸無法脫離大學這個『舒適圈』。」

澄子當約聘職員工作的這十年裡，大學的聘雇條件一路惡化。在一連串行政改革中，國立大學成爲國立大學法人，兼任職員增加，也誕生了「官製窮忙族」這樣的詞彙。澄子的工作條件也一樣，不但惡化，學校也不再支付獎金，現在月薪不到十二萬日幣。

「因爲我不是住在首都圈，房租很便宜，若幾乎百分之百自己煮飯的話，日子算是過得去。只是完全不能存錢，當然會擔心將來的事。」

對澄子而言，眼前最不安的是現在這份工作合約有可能在半年內結束。

「我擔任他秘書的教授決定再半年就要離開研究室，我即將失去工作。雖然和學校的合約還有一年，但也有可能中止。一想到年過四十，什麼職場經歷都沒有的我能不能找到工作，就擔心得睡不著。」

面對家裡的母親，別說是再半年就可能沒工作這件事了，連自己是約聘職員的身分澄子

5指的是在大學裡面，統合各體育性社團的聯合幹部組織，有很多也會培養運動選手。重視精神、毅力、上下關係和體力。後來也衍生爲有這種特質的地方。

也隻字未提。曾經有好幾次可以轉為正規雇用的機會，澄子深深覺得是自己親手把它毀掉了。

「學校會定期舉辦兼任轉正式職員的轉換考試，我也曾拿了申請表回來。可是錄取率非常低，我冷靜想想，若是要雇用相同條件的人的話，年紀輕的應該比較好吧……出社會後我沒有任何目標，一路拖拖拉拉地過來，忍不住覺得會有我這種沒有任何附加價值的人可以工作的地方嗎。」

現在的工作結束後，假設澄子又得到了別所大學的約聘職員工作，就算這樣，三五年後還是得再找工作才行。四十五歲、五十歲……當年齡繼續增長，最後還會有地方雇用自己嗎？澄子被無止境的不安包圍。

「既沒有穩定的工作也沒有家庭……沒有一個能對未來放心的東西，這種狀況非常痛苦。」

無法向任何人坦承心中這份苦楚的處境也逼迫著澄子。

「念書時期的朋友都結婚了在養小孩，他們光是這樣就已經費盡力氣，這種狀態下就算找對方商量：『我最近可能會丟工作。』我想他們也會很傷腦筋。雖然也有些常見面的朋友，但感覺大家就像另一個世界裡的人……這點彼此應該都一樣吧。儘管表面上沒有顯露出來，但朋友可能也都面臨各式各樣嚴重的問題。我們雖然會聊得很開心，但感覺會微妙地調整話題，不去觸碰深層的部分。」

澄子說，接近四十歲時起，她便開始對自己沒有結婚、沒有生孩子這件事有近似自卑的情緒。

「因爲不想讓人覺得『看不下去』，所以我表面上完全不會讓人感受到這些，裝出一個人生活非常充實的樣子，內心卻有很難受的地方。尤其在旁人顧慮我，刻意避開結婚和家庭等話題的那瞬間最有感覺。」

最近，澄子的研究室有場歡送會。與澄子同世代的女性研究員要到國外留學，爲此舉辦的送別會。

「那位研究員有兩個小孩，據說要留丈夫一個人在日本，自己帶孩子去留學的樣子。大家熱烈地說著：『要是我絕對會帶家人過去』，或是『如果是我就要享受一個人的生活』之類不太重要的話題，我一個人在旁無法融入。不久有人發現了，便顧慮我而改變了話題。這種『溫柔』最讓人難受吧？一想到我這樣的存在讓現場氣氛變沉重，就再也待不下去了。」

預計留學的女研究員恰巧和澄子同一所大學畢業。

「對方雖然要養兩個小孩卻依然追求事業的姿態充滿力量，同樣身爲女性，我也非常尊敬她。一方面懷疑是不是自己努力不足，一方面又爲自己和她之間會有這麼大的差距而感到丟臉。雖然知道人比人氣死人，但還是會忍不住比較。」

澄子過去並不急著結婚。她覺得來到那個階段的話應該就會順其自然吧，加上她也不認爲只有結婚才是幸福的樣貌，「單身女王」從工作中找到驕傲和價値、讚頌自由的生存方式也不壞。

「自從迎接四十歲以後，我就開始覺得自己應該沒辦法讓母親看見孫子了。心想，孫子沒辦法的話，好歹工作要穩定，讓她安心，但這件事也不順利。我以前覺得工作、結婚、生子都是一般能辦到的事，沒想到『一般』竟這麼難……」

分裂的一九八五年

如同澄子對擁有事業、小孩的同世代女性感嘆「明明是同一所大學畢業，爲什麼會有這麼大的差距呢」，日本女性之間的貧富差距正在擴大。姑且不論因學歷所造成的鴻溝，就算高學歷族群內部也出現了分化。

據說，最早將女性間擴大的貧富差距稱爲「女女差距」的是人力派遣公司董事長奧谷禮子。之後經濟學者橘木俊詔於二〇〇八年出版了《女女差距》（東洋經濟新報社）一書。該書著眼於「過去在探討貧富差距問題時，往往都只注意戶長的狀況，但女性之間是否也有貧富差距呢」這樣的視角，不只以家庭收入的差別做爲決定女性之間差距的關鍵，也探討了「教育」、「婚姻」、「小孩」、「工作」、「外表」等方面。

正於年輕女性間發展的兩極化是從何時開始的呢？我想回溯到被稱爲女性分裂元年，也就是男女雇用機會均等法成立的一九八五年來思考。

近數十年裡，女性的雇用狀況起了巨大變化，能發揮的場域也飛躍性地擴張。距今約三十年前的一九八五年，政府制定了男女雇用機會均等法，廢除了禁止夜班等只加諸在女性身上的保護規定。

根據均等法誕生的，是與男性並駕齊驅工作的女性儲備幹部。雖然職場上的工作因爲均等法成立後依類型分爲「儲備幹部」與「行政職」，但當時目標「儲備幹部」的女性只有極少數的一部分，希望從事不會調動工作地點、業務內容以輔助爲主的「行政職」的女性呈壓倒性多數。因此，女性的分裂與兩極化並沒有馬上出現。

均等法成立時的一九八五年，女性升大學率爲一四%，升短大率爲二一%。那是個許多女性即使有念大學的能力，也因爲學歷太高反而會妨礙求職或是結婚而故意念短大的時代。

實際上，短大畢業女性的就業率也有比大學畢業女性高的傾向。市場上有都市銀行這種分行遍布全國的銀行和大型貿易公司的「行政職」等，以「短大畢業女生」爲中心的「優質」工作。雇用者對女性員工的想法也絕對是「反正只是暫時的，結婚以後就會辭職了」、「是『新娘候選人』」，認爲她們能年輕一歲是一歲。

特別是一九八〇年代後期的泡沫經濟全盛期，許多短大、大學畢業女性陸陸續續進入市場第一部上市企業工作，擁有高所得、同時歌頌工作與娛樂的這些女性受到了社會的矚目。而部分年輕女性在得到穩定的工作、薪資，了解自由自在生存的醍醐味後，已經不再是「暫時的」存在了。希望婚後也能繼續工作的女性增加，她們對工作的價值與經驗也有了野心。也是在這個時期，大眾將目光聚集在辭掉工作去留學或是獨自創業等重視工作價值和生命意義的女性身上。

不知道是不是因爲接受了女性這種高漲的獨立志向，一九九〇年代中期後，女性的升大學率超過四成，開始超越男性的升大學率。其中最爲顯著的，應該是女性升學的選擇從短大轉換爲大學這點吧。一九九六年，女性升大學者首度超過了升短大者，短大畢業女生的錄取名額也逐漸遭女大學畢業生所取代。

女性升大學率上升的同時，日本泡沫經濟破滅，就業環境進入了人稱冰河期的嚴峻時代。均等法成立後，雖然增加了女性儲備幹部等在企業中活躍的女性，但那只不過是因爲泡沫經濟，景氣提升的關係，並非是這個社會認同女性發揮所長。這點從之後年輕女性嚴苛的就業情況來看就很清楚了吧？

就職冰河期爲許多年輕人帶來嚴酷的試煉，其中影響最大的，便是已經不再是「主流」的短大畢業女性。從短大畢業女性直到九〇年代前期爲止一直維持在近九〇%的就業率，二〇〇〇年則跌落至五七%這點，便可明顯看出。

原本大量錄取短大或是大學畢業女性爲「行政職」的大企業控制招募，對就業率下降也有很大影響。不只是泡沫經濟破滅，背後的原因也包括了全球化和辦公室數位資訊化，使得「行政職」所負責的行政、輔助性質工作漸漸減少。過去一直在女性工作中占多數的「行政職」之後也持續減少，被換成了「約聘」和「派遣」等非正規職位。

泡沫經濟破滅後，派遣這種工作方式急速蔓延，但勞工派遣法的成立時間是男女雇用機會均等法成立的一九八五年。由於派遣法的制定，「行政職」開始慢慢轉爲派遣職位，「與男性並駕齊驅工作的女性儲備幹部」和「非正規勞動的貧窮女性」這樣兩極化的開端，可以說在此時便已存在了吧。

同時，一九八五年也是第三號被保險者[6]制度創設的年份。法政大學副教授藤原千沙揶揄一九八五年是：「雖然在雇用上標榜男女平等，另一方面卻又分裂家庭責任，強化性別分工，大開非典型雇用之門的『貧窮元年』。」（《女性的21世紀》No.57，二〇〇九年）

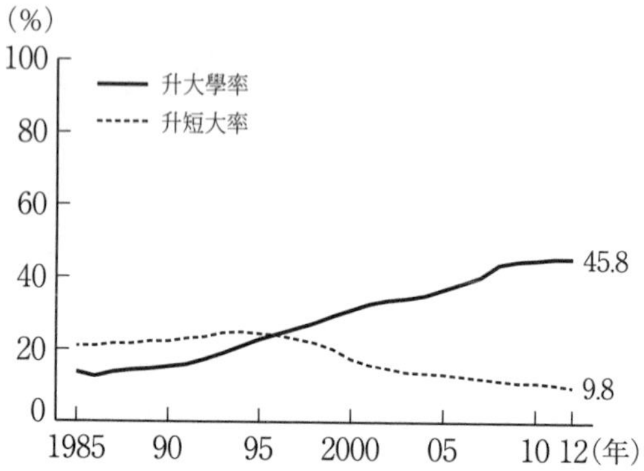

資料來源：文部科學省「學校基本調查」。

圖 6-1 女性升大學、短大率

「行政職」原本接收了不以事業發展爲目標的女性，企業減少錄用「行政職」後，大多數這樣的女性便無處可去了。從第四章大學畢業找工作失敗後以「新鮮人派遣」身分工作的結衣子案例，也可以一窺端倪。結衣子與本章開頭介紹的澄子一樣都生於一九七三年，屬於團塊二世的中間世代。正因爲身邊就有比自己稍微大一點的前輩從事大企業的「行政職」，過著燦爛的ＯＬ生活，更會對企業減少「行政職」錄用感到不知所措吧。

均等法成立後，原本固定會做「行政職」的女性職涯，分成了選擇「儲備幹部」、就任變成窄門的「行政職」、不得不選擇「非典型雇用」，以及取得證照從事「專門性工作」等各式各樣路線，同學歷之間的「差距」也變得越來越明顯。

行政職減少所帶來的影響

儘管前面寫到「行政職」被換成了非正規職位，但現在仍有部分大企業持續用「儲備幹部」、「行政職」的分類招募，只是錄取名額減少，內容也有所改變。這些行政職的工作內容與「儲備幹部」沒有太大差異，唯一不同的只有不會轉調而已，公司也爲其準備了轉成「儲備幹部」的職種轉換制度，從輔助性工作變成更需要擔負責任的情況。因爲這個時代已經變

6 日本參加國民年金的對象主要有三類：第一號被保險者爲自營業者、農業人員、學生等；第二號爲私營企業職工、公務員等；第二號被保險者的配偶（二十歲以上六十歲以下、年收入不滿一百三十萬日幣者），作爲第三號被保險者，無需交納保險費。

成了即使從事「行政職」，只要是正職員工就不允許「做暫時」的工作方式。

此外，也有很多公司本來就沒有「儲備幹部」和「行政職」的區別。實際上，根據厚勞省「雇用均等基本調查」，二〇一〇年雇用管理制度依招募分類而不同的企業維持在一一・六%，企業規模越大，比例越高。

中小企業等沒有分類招募的公司有完全不分性別，女性也擔任中堅業務者，也有實際上只有女性不會轉調、以輔助性業務爲主的地方。然而，無論哪種職場，都有將行政、輔助性質的工作交給派遣人員等非正規員工的傾向，其共通點是正職員工的責任與負擔增加，被要求要有超出非正規員工的突出表現。

在「行政職」招募銳減的時代，很多大學畢業的女性進入了沒有分類招募的中小企業，擔任實質上的「儲備幹部」。「冰河期世代三十人」中有正職工作經驗的十四人裡，三人以無轉調的準儲備幹部身分工作，一人負責現場銷售等業務，剩下十人都是在職種上沒有男女之分的職場上工作。

過去被硬性塡入「行政職」，擔任行政、輔助業務的女性，能與男性一樣負責主幹業務被認爲是一件很理想的事。然而，正是這種所謂的「與男性一樣的工作方式」涵蓋了重大的問題。

男女雇用機會均等法經常最被詬病的，就是解除深夜勞動限制等女性保護規定、將女性長時間勞動視爲理所當然，配合男性工作方式的部分。男性能長時間勞動的背後，是因爲有負責家事、育兒等家庭責任的妻子存在，除此之外沒有別的原因。

雖然一般單身女性被認爲沒有太多家庭責任，但持續待在將長時間勞動視爲理所當然的職場上並不容易，不少人因超過了體力、精神上的負荷而「落後」。從前述十四名有正職工作經驗者中，有十一人因爲過勞等原因而辭去工作也可以看出端倪。

均等法成立後，如果是過去一直採取分類招募的大企業的話，或許有確立培養女性儲備幹部的知識與方法。此外，公司裡應該也有著能夠成爲「楷模」的女性前輩吧。另一方面，在女性升大學率超過升短大率後才開始錄取女大學畢業生的中小企業裡，女前輩本身就很少，預計這些公司也不習慣對待大學畢業的女性。

第一章介紹的進入設計師事務所的瑞希、第五章分配到服裝公司業務部的亞紀，都是以儲備幹部的身分進入中小企業，卻因爲長時間勞動身心俱疲，不得不主動離職。瑞希、亞紀分配到的部門幾乎都沒有女性職員，亞紀因爲是新人又是女生，一個人負責了部門內所有的雜務。這也是把亞紀逼到過勞離職的重要因素吧。

諮詢顧問海老原嗣生在《女子職涯》（筑摩入門新書，二〇一二年）中，舉出「體育會系女子」以做爲職業女性的理想典範。所謂的「體育會系女子」，指的是擅長團體行動和上下階級關係、活力十足並充滿幹勁的女性，大概就是不論男女都很喜歡的爽快型和有大姐頭氣質的女性吧。

另一方面，我所訪談的女性雖然認眞優秀，卻是與海老原嗣生所說的「體育會系女子」稍微不一樣。海老原嗣生舉出的「體育會系女子」平易近人，對比過去儲備幹部，從各方面來看都是很優秀的「女強人」形象。然而，實際上要成爲「體育會系女子」並不容易，最後，體育會系令人覺得＝能否在時間、體力上做到與男性一樣的篩檢方式。

話雖如此，書裡也應該要寫到不少「體育會系女子」在生完小孩後，不容易回到視長時間勞動爲理所當然的職場，不得不辭掉工作，或是選擇時間上雖然有彈性卻遠離出人頭地、人稱「媽咪跑道」的工作路線吧。

行政職削減伴隨而來的是正職職缺減少，派遣法的制定、修正增加了非正規的雇用，一九八五年均等法成立後沒有馬上顯現出來的女性分裂，就在這樣的背景下不斷擴大。

表 6-1 有關女性的勞工相關法令

1985年	男女雇用機會均等法、勞工派遣法（僅 13 種業務）、第 3 號被保險者制度
1991年	育嬰假法
1997年	修正男女雇用機會均等法（廢除女性保護規定）
1999年	性別平等社會基本法、修正派遣法（鬆綁派遣對象業務原則）
2000年	解除「介紹預定派遣」限制
2001年	修正育嬰、看護休假法
2007年	工作與生活協調（work life balance）憲章
2015年	女性活躍促進法、修正派遣法（可無限期雇用）

女性活躍推動的光與影

安倍政權提出「推動女性活躍」爲安倍經濟學成長戰略的支柱，正如上一章所見——在日本不斷少子高齡化、勞動人口減少的背景下，希望藉由活用過去沒有充分利用的女性勞動力，提升就業率以維持經濟。

均等法制定後，政府實施了多項支援職業女性的法律，另一方面，「勞工派遣法」每次修正都擴大了業務涵蓋範圍，二〇一五年修正施行爲同一業務可以無限期使用派遣工（表 6-1）。如同胡蘿蔔與鞭子一樣的法律，令「備受期待發揮能力的女性」與「拋棄式的女性」之間的分裂不斷擴大。二〇一五年，與派遣法修正同年，政府制定了「女性活躍促進法」，對員工三百零一人以上的大企業、國家和地方政府機關課予義務，必須制定並公開包含女性起用相關目標數字的行動計畫。積極規

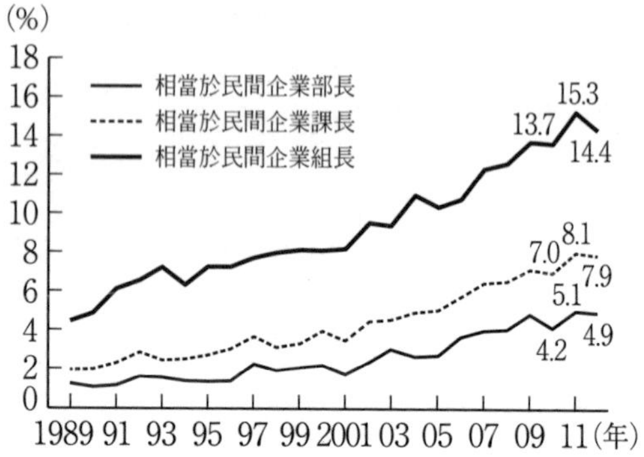

資料來源：內閣府性別平等局《平成 25 年（2013 年）性別平等白皮書》。

圖 6-2 管理職女性比例的演變——按職等分

劃的企業可以獲得厚生勞動大臣的認可，於其商品貼上認可標籤。

企業可以從女性錄取率、平均工作年資的男女差異、平均一個月的加班時數等十四條項目中選擇公開的內容。然而，雖然其中也有「女性勞動者占總派遣勞動者比率」這種項目，但大部分都只是與正職雇用和管理職女性有關的條目。此外，員工三百人以下的中小企業則停留在不受法律管束的努力義務範圍內。

因爲這些原因，女性活躍促進法實際上的對象只侷限於極少數的女性菁英，忽略了在中小企業工作的女性和占女性勞動力六成的非典型雇用職的女性。

接著，政府更揭櫫了二〇二〇年以前要將女性領導者的比例提高到三〇%左右的目標數字。對社會有影響力的女性增加是很重要的一件事，然而，若是促進女性活躍的行動只有推動部分女性菁英的活躍，對許多貧窮和不穩定雇用關係的女性狀況沒有任何改變的話，就太過不公平了。

過去以自由插畫家身分工作的田中玲子（三十九歲），自美術類短大畢業後，於大企業從事行政職，之後活用擅長的插畫，以插畫家兼美術設計之姿獨立。收入雖然不多，但案件量維持一個人生活綽綽有餘。然而，大約這五年內工作減少，收入銳減，淪爲連年金保險費和房租都無法順利繳納的狀態。因此，她決定註冊派遣公司工作。

玲子被分派到的地方是以女性員工發展著稱的大企業。她的工作是協助育有三歲小孩、與自己同年的正職女員工。由於該公司接受員工子女年幼時可以「短時工作」，育兒中的女性下午四點就會回家。玲子在協助對象回家後也繼續工作、加班，大約在晚上八點左右離開公司，忙碌的時候也曾工作到晚上十點、十一點。儘管如此，派遣身分的玲子所得到的薪資終究還是不及正職員工的女性。

「我的部門內有好幾個在帶小孩的女性，讓我覺得『能兼顧工作和家庭好厲害喔』。可是，雖然我也不是放棄了工作、家庭、小孩，但有時候還是會沮喪地想，爲什麼自己和她們的處境會差這麼多。」玲子說。

生育且繼續工作的女性們

均等法制定後三十年，長年維持在大約一〇%的女性儲備幹部（僅統計有分類招募的企業）人數持續遞增，二〇一四年社會新鮮人中，女性儲備幹部者的比例達到二二・二%。

這期間最大的變化，在於制度上打開了能夠同時兼顧「事業」和「小孩」的道路，而非過去只能在「事業」與「小孩」中二選一。實際上，一邊育兒一邊在前線工作的女性也在增加。

日本的「育嬰假法」雖然於一九九一年成立，但人們能夠理所當然取得育嬰假，是在二〇〇一年「修正育嬰、看護休假法」後的事吧。制定後經過數次修正，於二〇一〇年施行的「育嬰、看護休假法」中，將子女未滿三歲的勞動者短時工作制度（一天原則上工作六小時）與免除加班變成企業義務，並增添了促進父親請育嬰假等政策。

一九九六年，女性請育嬰假的比例爲四九・一%，其後持續攀升，在全球金融海嘯的二〇〇八年達到了九〇・六%。

另一方面，懷孕、產後離職的人數比例則超過了六成，可以看出一邊育兒一邊工作不是件容易的事。順帶一提，要說爲何請育嬰假的比例與懷孕、產後的離職率產生數字上的矛盾的話，可能是有許多非典型雇用職無法請育嬰假，以及請育嬰假後離職的女性的關係。

當然，在均等法成立前就有能兼顧事業與小孩的女性，但那僅限於特別優秀的「職場女強人」。即使是均等法施行後焦點集中在年輕職業女性的泡沫經濟期，協助育兒的社會制度仍然不完善，大部分的女性不得不面臨「二選一」的抉擇考驗。

在均等法施行的一九八六年踏入社會的衿野未矢，於《「不生小孩」的選擇》（講談社，二〇一一年）一書中，描述了這段期間的變化：

過去女性雜誌裡介紹的成功故事，主角的單身獨立職業女性，就算結婚了也會繼續工作，雙薪沒有小孩的頂客族（DINKS'double income no kids）被視爲理想……然而曾幾何時，潮流改變了。現在登上成功故事裡的，是兼顧事業與小孩的女性。拓展連鎖餐飲店的女企業家、中央部會的高級官僚……厲聲激勵外國男部下的女主管說：「週末最大的樂趣是陪小孩。」

託女前輩們的努力與各式各樣協助兼顧育兒與事業的政策之福，我們可以說，日本表面上打造了能夠同時選擇「事業」與「小孩」的道路了吧。

然而，在生產後也持續工作的女性人數增加的同時，年輕女性的非典型雇用率則持續攀升。就像澄子所言的，能夠兼顧工作與育兒的同世代女性，與別說結婚生子了，連份穩定工作都找不到的自己——看似讓女性得以持續工作的法律和制度越是完備，自責的念頭和壓抑感便越強烈，直感覺自己是「落後的人」。

當然，同時工作與生養小孩並不容易。但是育兒中的女性與單身女性所懷抱的煩惱並不相同，雙方幾乎沒有彼此見面、共同商量煩惱的機會吧？未婚／已婚、是否有小孩、全職主婦還是職業女性等等，女性之間的人際關係很輕易便會因爲微妙的立場不同而隔絕。在看不到對方狀況時，很容易覺得「爲什麼只有我這樣」。

累積的孤獨感

草刈美和（三十六歲）高中畢業後，流轉於醫院行政、百貨公司銷售、咖啡店服務生等短期打工，雖然現在在原生家庭中生活，經濟上卻依然持續拮据的狀況。父親的退休迫在眉睫，一想到會不會就要付不出全家居住的公寓房租了，便十分不安。

「因爲我一直處於這種狀況，從沒想過結婚生小孩。雖然大家常說『女性有多元的選擇』，但那只限於幸運的女生。一想到自己會這樣孤單終老，甚至會羨慕起單親媽媽。單親媽媽現在雖然單身，但至少曾經遇見想要和對方生孩子的男性，也有需要自己的小孩——即使同樣是單身女性，處境畢竟還是不一樣，很難一起做什麼吧？想到將來自己會孤零零死掉的話該怎麼辦，就煩惱得睡不著覺。」

大隅由紀繪（三十九歲）從來沒有正職的工作經驗，短大肄業後換了一個又一個的打工。

「幾天前有個超市的臨時兼差，但工作期間已經結束，我現在又開始在找工作了。」

便利商店、洗衣店、超市、寵物店、物流業、休閒設施、旅館、大型雜貨店、打字……由紀繪經歷了無數工作。

「數量多到連我自己都記不太清楚了。我不擅長跟人相處，不知道是不是這個原因，很容易在職場上被欺負，也曾經因爲壓力吃不下飯，體重掉到三十幾公斤。每次換工作就會遇到很慘的事而臥床不起……換了工作又再次因爲不順利而倒在床上起不來，不停反覆。沒有一份工作持續兩年以上。」

由紀繪說，自己直到小學畢業前都是個活潑的女生，國中遭到霸凌使她個性徹底改變。之後雖然進入短大就學，卻不到一個月便退學了。

「在短大雖然沒有遇到霸凌之類的事，但那裡對從鄉下高中進去的我來說太華麗了，感覺身邊的人好像都在說『這裡不是妳這樣的人該待的地方』，幾乎沒辦法去學校。」

此後，由紀繪有長達四年過著繭居在家的生活，擔心的母親建議她接受精神科檢查，診斷結果是社交焦慮症。她持續就醫，直到可以工作的狀態。由紀繪的母親是未婚單親媽媽，一邊在工廠工作，一邊拚命將由紀繪拉拔長大。然而，兩人渺小的生活卻因為母親的個人破產便輕易瓦解了。

「我覺得都是短大的註冊費和學費害的。好像是消費者貸款的借款金額越變越多的樣子。最後變成我住在外婆家，媽媽則住在鄉下的旅館裡工作。」

由紀繪一邊幫忙外婆做家事，一邊在便利商店或洗衣店等地方打工，卻全都在短期內辭職了。

「唯一持續下去的是物流的工作。不過後來規定，必須將配送時使用的自用車登記為營業用車，因為我是跟舅舅借的車，就沒辦法繼續下去了。」

之後，由紀繪心想，自己或許比較適合不太需要與人接觸的在家型工作，便繳了所剩無幾的錢參加寫作的函授講座，也利用過地方上的青年支援站，只是都沒有找到突破現狀的出口。

現在，由紀繪與得到大廈管理員工作的母親和舅舅三人一起生活，經常代替不在家的母親負責家務。

「我們用媽媽的收入加上舅舅的國民年金勉勉強強生活。總有一天媽媽也會沒辦法工作吧？我是獨生女，從來沒看過父親，當然也和父親那邊的親戚沒聯繫。將來媽媽和舅舅過世後，我一個人該怎麼生活？想到就覺得不安。」

由紀繪幾乎沒有可以商量煩惱的朋友或熟人。因爲在短大肄業、繭居生活的四年內，自己切斷了對外的關係。此外，一直迅速轉換工作的她也沒有工作上的夥伴和聯繫。

「我想要有歸屬感，短大退學後，一直處於沒有可以歸屬的狀態。即使沒工作，只要結婚的話身爲主婦就有家庭，學生的話則有學校，對吧？可是，一旦年近四十、未婚又沒有工作的話，就沒有一個地方是自己的歸屬，有種全世界只剩下自己一個人的感覺。」

由紀繪不斷累積對未來的不安與孤獨感。

「因爲現在這樣單身的人很多，所以絕對有人跟我有一樣的煩惱，雖然想跟那些人連結卻不知道該如何。痛苦的我就在網路上搜尋『快四十、單身、沒工作』，結果出現了很多處於相同立場的人所寫的部落格，讓我稍微鬆了一口氣，我跟自己說不是只有我一個人不安、孤獨。」

經常聽到年輕單身女性說生活中沒有商量的對象，非常孤立。如果像由紀繪一樣不去學校或是退學的話，很多人和學生時期朋友的關係便會切斷；若是反覆從事派遣、約聘、打工的話，也很難在職場上有朋友或夥伴吧？此外，似乎也有些人雖然有朋友，卻難以和已婚、處於育兒階段的友人討論煩惱，因爲立場不同，很難說出自己的問題。

不存在的一群人

單身無職或是從事非正規職者，不只沒有「血緣」、「社緣」，也容易和「地緣」分離。如今，在大家本來就覺得不存在「地緣」的社會裡，育兒是將地方人群連結起來的大好機會，也有不少人是透過育兒社團、幼稚園、小學等群體進入了地方上封閉的人際連結中。然而，單身者若不主動積極，努力和地方締結關係的話，就會被「地緣關係」切割。

在社會中感覺「沒有歸屬感」、「沒有容身之處」應該不只是單身女子自己的問題吧？例如，我們的國家與地方機關爲女性提供了各式各樣的協助：育兒協助講座、家暴女性的諮詢窗口與諮商、單親媽媽的求職協助、幫助育兒告一段落的女性二次就業等等，卻幾乎沒有舉辦過鎖定單身女性的講座。因爲單身女性面臨的煩惱如貧窮、孤獨等不容易被看見，政府沒有察覺「協助」的必要。

此外，如同前文提到的部落格，即使不容易直接見面，間接也好，人們透過與相同立場的人連結，也能獲得鼓勵與類似「歸屬感」的感覺。雜誌或許是最適合這麼做的一種工具吧？然而，調查後發現，市場上幾乎沒有以三十五歲以上的單身女性爲目標客群的雜誌。

女性雜誌根據精細的年齡設定和可支配所得、家庭結構等等要素將讀者分類。由於許多雜誌沒有廣告收入便無法生存，因此只要看廣告，便能清楚知道該雜誌以何種族群爲讀者。企業廣告商與發行媒體「無視」所得低微、年近四十的單身女性，也是理所當然的發展吧。

設定二十歲左右的讀者爲「單身」而製作的女性雜誌，在客群目標變成三十歲後，讀者想像便會變成「已婚、有小孩」。同樣是給已婚女性看的內容，還會再進一步劃分爲是「全職主婦」、「雙薪家庭」、「高所得」族群。

以女性雜誌中最高發行量約三十萬冊（日本雜誌協會調查）而自豪的《VERY》，其目標讀者爲「三十歲以後、育兒中」的女性。《VERY》的概念是「有基礎的女性是美麗的」。

所謂的基礎，就是家庭。雜誌裡登場的是致力於工作、育兒、自我成長、美麗又聰明的媽媽。《VERY》創刊時的讀者群壓倒性的以全職家庭主婦居多，之後，讀者中有工作者的比例持續增加，根據二〇一三年的讀者調查，五〇・九%的讀者是「正職員工的雙薪家庭」，五二・〇%的讀者回答「希望可以盡可能繼續工作」（〈職業媽媽的幸福時光〉，《VERY》二〇一三年九月號）。

當然，實際上的育兒應該不是這麼輕輕鬆鬆的事吧？丈夫長時間工作，只有方便的時候才會變「育兒爸爸」，顧慮婆婆的心情、寄放孩子、工作與幼兒園接小孩……每天無疑都在打生存戰。《VERY》裡登場的媽媽是種幻想吧？正是因爲這樣才罪惡。

二〇一三年，專門給年近四十歲單身女性閱讀的雜誌《DRESS》創刊了，但這本雜誌的目標讀者是身穿名牌、事業成功、高所得的職業女性。對工作與收入都不穩定的單身女性而言，當然是另外一個世界。雖然不知道《DRESS》目標的上流單身女性有多少人，但該雜誌於二〇一五年底休刊。

往上推擠的壓力

前立正大學教授金井淑子指出：「在女女差距擴大中，心理生病的女性正在增加。」

「相對於男性多以繭居的型態表露，女性則是會出現心理層面的問題，有許多陷入憂鬱、自殘、焦慮症、飲食障礙症等的案例。」

二〇〇〇年以後，雇用非正規化急速發展，年輕人的雇用環境不斷惡化，影響最爲顯著的便是年輕男性。

「過去身爲家中的經濟支柱、保證會獲得雇用與薪資的男性，因雇用環境的惡化不斷被往下推擠。相對於加諸在男性身上的『向下排擠壓力』，女性身上則出現了與之完全相反的『往上推擠壓力』。」（圖6-3）

過去，女性從事行政職或打工等輔助男性的工作，立場低落，如今，她們周遭因爲各式各樣促進女性活躍的政策刮起了一陣向上推擠的「順風」。然而，金井淑子提到，這股「順風」並非公平地吹向每一位女性。

「『順風』主要吹向的是高學歷女性，整個國家和業界都在推行將女性變成戰力的政策，如提升女主管的任職率、培育女性理科研究者等等。女性過去只能在儲備幹部或行政職中二選一，現在漸漸變得能實現包含生兒育女的『多元職涯模式』了。」

金井淑子指出，進一步將女性階級複雜化的是婚姻所伴隨的上升氣流。女性與高社會地位或高收入的男性結婚，也就是透過所謂的麻雀變鳳凰而被推擠到上層。然而，書中也提到，在男性面臨嚴苛雇用環境的現在，這是可能性極低的模式。

金井淑子點出，做爲勞力而不停成爲戰略一環的女性，也面臨了少子化對策所帶來的「生子」壓力。

「在『工作』與『生小孩』的雙重束縛中脫落的女性，會遭遇認同危機一點也不奇怪。非自願地被勞動所帶來的獨立排除在外，也無法成爲一般社會觀點引導下的女性幸福模樣——當今女性各種心理徵狀的背後是獨立匱乏感與對未來沒有希望。」

頻繁發生的心理問題

對將來的不安與沒有人可以商量的孤獨感化爲心理上的問題，浮上檯面的案例並不少見。

「冰河期世代三十人」中，有過精神科或身心科就診經歷者爲十七人，超過了一半。從

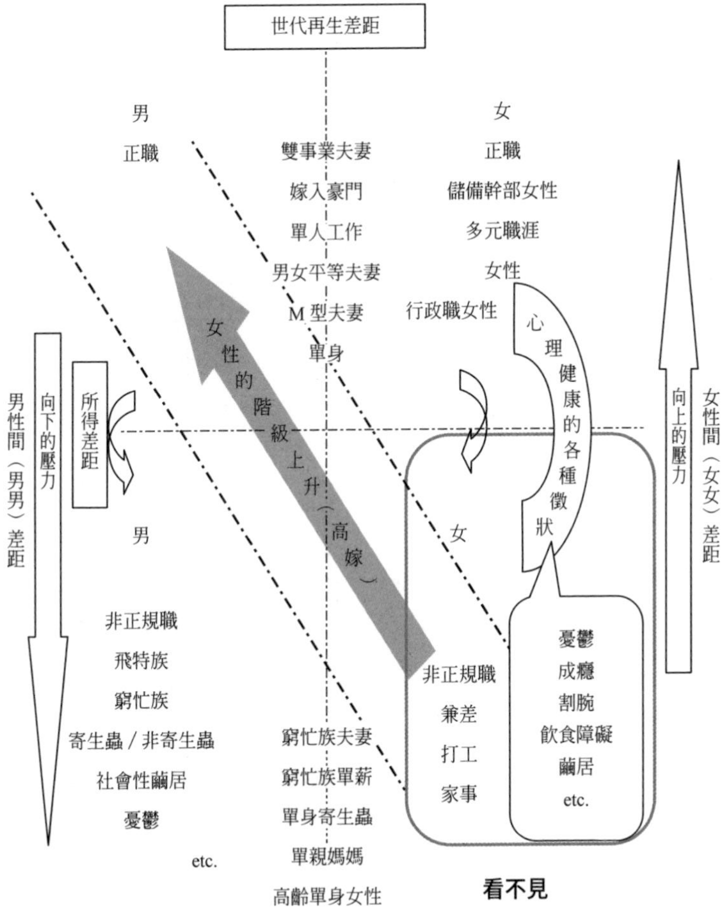

資料來源：金井淑子（2013）。「遭生產／再生產排除——看向女性的內面」。Business Labor Trend，10。

圖 6-3 看不見的「年輕女性問題」

最初就診時期或就診原因來看，拒絕上學與霸凌者六人；職場上過勞或職場騷擾等九人，其他兩人。雖然很多人是因為工作而壓力變大，但也有因為不安與壓力等多重原因超過負荷而發病的案例。

二〇一四年，東京消防廳協助因自殘行為（安眠藥等藥物、尖銳物品、上吊）緊急送醫者有四千零五五人，其中最多的是二十至二十九歲的女性，六百九十六人，其次為三十至三十九歲女性的五百七十三人，和四十至四十九歲女性的五百零五人。另一方面，二十至四十九歲的男性人數分別都在二百八十人左右，不到女性的一半。

協助生活貧窮者的非營利組織「舫」，分析了二〇〇四至二〇一一年間前來諮商的二千三百零五件案例。諮商者中，女性的比例雖然只有少少的一三％，但就疾病的分析來看，出現了五七％的男性和四二％的女性有身體上的疾病，二一％的男性與五二％的女性有精神上疾病的結果。

另外，根據第二章介紹過舉辦「女子講座」協助無業女性的橫濱市性別平等推廣協會的調查，有六八％的講座成員表示自己有心理方面的狀況。

事實上，當直接面臨貧窮、孤獨、暴力、性騷擾等各式各樣問題時，女性似乎比男性更

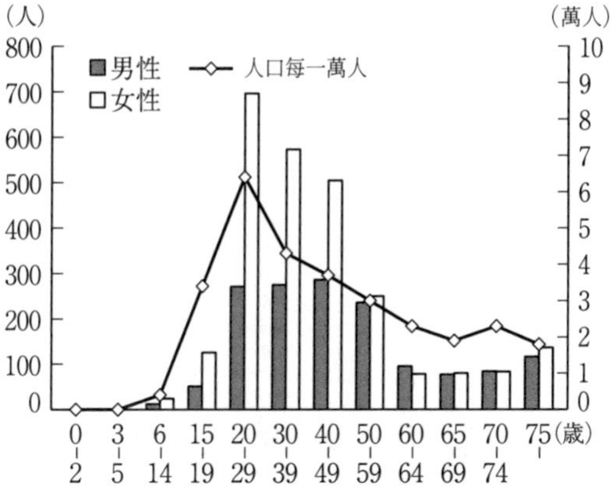

資料來源：2014年東京消防廳「緊急救護現況」。

圖 6-4 自殘行為的送醫人數——按年齡分

容易呈現心理疾病的反應。

不過，在處理心理方面問題時必須特別注意。在我訪談的女性中，有人曾因割腕大量出血，徘徊在生死邊緣；也有人抵達公司所在車站後卻沒辦法下電車，有面臨各式各樣問題的人。

然而，經仔細談過後了解，割腕者是因爲從小以來的貧窮以及與父親不睦，無法下電車的女性則是因爲上司偏執的職場騷擾，她們的行爲與這些原因緊密相關。

由於每件案例的衝擊性都非常強烈，因此更容易將焦點放在做出這些行爲的女性個人身上，但職場問題的背後是雇用問題；家庭不睦的背景是貧窮與過度依賴家庭福利的社會體系問題。然而，我們卻很容易因爲當事人的一個精神類病名，便一腳踢開潛藏於背後的問題，歸咎是她們個人的原因，進而認爲是精神脆弱的人自己的責任。

超越分裂，建立聯繫

在「男女不平等」理所當然的時代，在結婚生子後連繼續工作這個選項都沒有的時代，單單因爲是女性就會遭遇不合理的對待吧。然而，是否也有因爲同是女性而聯繫在一起的部分呢？

後來，政府整備了讓女性工作的政策，包含結婚生子後也能繼續工作的道路，女性看似可以做出各式各樣的選擇。另一方面，原本已經占多數的女性非典型雇用率持續增加，呈現了每三名女性有一人貧窮的現實。

正職／非正職、已婚／未婚、是否有小孩、儲備幹部／行政職等，女性之間存在著因各式各樣立場而形成的分裂。這些情況不全都是本人的期望，也有些是在不得已下所做的選擇。日本現正積極推動的女性活躍，不但僵化了這些女性間擴散的差距，也使分裂的鴻溝變得更深。

不過，我想先停下腳步思考一下——追根究柢，差距與分裂都不是女性希望所造成的結果，而是國家稅制與社會政策製造出來的狀況。此外，就像將女性詳細分類的雜誌這件事一樣，那些想圈起特定女性做爲消費者的企業，或許也要爲女性的分裂負一部分責任吧。

女性想要超越差異、締結連結，必須相互理解。但由於分裂，彼此極少有機會能夠看到各自的現實與煩惱。正是因爲這樣，努力認識不同情況的人才更重要吧。

另外，我們也必須對顯而易見的不公與不合理發聲。人們要是經常處於弱勢的話便難以出聲。我認爲，爲了超越分裂生活，驅動想像力，打造一個不互相排擠、不被排擠的社會是很重要的一件事。

終章 追求一線曙光

「貧充」潛藏的陷阱

在我們看了女性的艱苦狀況後，知道其中存在著無法以「貧窮」一詞完全囊括的各種現實。

不同於泡沫經濟時期，青年不再是擁有高所得的族群。不出國旅行、不買車等等，年輕人的志向與興趣正在改變一事已經被提出來很長一段時間了，也披露在女性雜誌的特輯報導上。

月刊《日經 woman》自一九八八年創刊以來，便一直與一般時尚打扮的女性雜誌清楚區隔，提供女性工作法、生存方式等各式各樣資訊。雜誌特輯的內容也隨著時代變化，反映了當下女性的生存方式。九〇年代，有許多爲提升職涯的女性而製作的特輯，如「出人頭地的工作術」、「工作應用英語」等等。然而，這幾年頻繁登場的卻是「省錢術」、「存錢的方法」一類的特輯。即便是二〇一五年發售的十二期雜誌，其中也有五期的封面故事與錢相關。

年輕人看起來也並不像在忍耐，而是追求屬於自己的豐富，每天充實地生活。

有個詞叫「現充」，形容一個人有男女朋友、身邊充滿朋友與同伴等現實生活過得十分充實的樣子。其來由是人們揶揄把自己關在網路世界裡的人，將光譜另一端的人稱爲「現充」。雖然「現充」這個詞顯示出比起追求豐富的物質生活，年輕人變得更重視人際關係與日常生活滿足的傾向，卻也隱藏了貧窮的眞實樣貌。

鈴木大介的著作《最貧窮女子》（幻冬舍新書，二〇一四年）採訪了靠性工作賺取每日生活費、勉勉強強過活的一群女性，書中出現了許多不是那種現充，而是「貧充」的女子。鈴木大介透過採訪，認識了住在地方城市的貧充女子，她們的年收大約一百萬日幣左右，所得雖低，卻擁有一大群當地的同伴，每天開朗地生活。鈴木大介表示自己心中不免疑惑：「她們是『最貧窮女子』嗎？」話雖如此，鈴木大介也指出，她們多數無法從貧窮中脫身，她們的孩子也很可能會繼續繼承那些負面條件。

電視上，藝人還沒紅時沒錢又辛苦的故事成爲美談，頻繁登場。不只藝人，也有人認爲「年輕時應該先體驗貧窮」。

自二〇一一年開始播出的《幸福！貧窮女孩》（日本電視台系列）綜藝節目，至今持續受到觀眾歡迎。節目中介紹爲了夢想過著貧窮生活的女性，以及不花錢享受生活的秘訣等內容，簡直就是「貧充」代表的這些女生毫不以窮爲苦的樣子，她們面對夢想，看起來甚至閃閃發光。

許多我採訪的女性，尤其是一個人生活的女性身上也有「貧充」的元素。有人說，「曬乾青菜外皮炒成青菜絲，非常好吃。藉由做這些事、用心生活而得到療癒」、「對一百日幣商店的物品花點巧思，做成有季節感的小東西來裝飾家裡」、「在陽台種青菜同時省錢」、「只有迪士尼樂園不能妥協，所以我每天吃生蛋拌飯來買年票（一年內都可以入園的門票）」、「想盡辦法籌到去偶像演唱會的錢」……從她們口中聽到了許多享受這種生活中小小「貧充」的故事。

在經濟拮据中翻轉想法，積極生活──如何增加「貧充」的觀點很重要。藉由這麼做，情況或許也能好轉吧。另一方面，脫離「貧窮」果然還是最重要的課題。「貧充」的話語有時會讓人看不見其背後眞實的貧窮樣貌，我們不該爲其所惑，必須面對每一個人的處境，研擬需要的對策。

所謂的貧窮是什麼？

每當談到關於年輕女性的貧窮話題時，都會被指出來的一點，就是「住在家裡的寄生蟲跟貧窮是不一樣的」。每次我都會以「雖然從家庭收入來看不是貧窮，但從本人可支配所得來看的話就符合貧窮」來反駁。實際上，當我對住在家裡的女性表示希望採訪時，有不少人都說：「因為沒有交通費，希望妳可以來我們家最近的車站。」

此外，也有人指摘如果可支配所得低落、住在家裡的女性算貧窮的話，全職主婦怎麼辦？的確如此。大膽來說，全職主婦「與貧窮只有一線之隔」。無論丈夫收入再高，全職主婦和丈夫離婚後，如果沒有工作也沒有能仰賴的家人，有可能瞬間就陷入貧窮。這點只要看單親媽媽的高貧窮率便能明白。

所謂的貧窮到底是什麼呢？近年，人們理解貧窮時不再只注意所得多寡，而是著眼在是否有能依賴的家人或朋友等人際關係、過去是否有受教育的機會、能否健康地參與社會等人與社會的關係上，「社會排除[7]」的概念開始普及。此外，社會排除不是只探討現時點的問題，而是從整個人生歷程中看待貧窮。推廣介紹社會排除觀念的岩田正美於書中寫道：「社會排除不是截圖，而是影片。」（岩田正美《社會排除》。有斐閣，二〇〇八年）

住在原生家庭裡的女性現在或許不用煩惱食衣住行的問題，但父母死後很有可能陷入貧窮。此外，即使同樣處於沒有工作的狀態，有否學經歷的女性脫離貧窮狀態的機會也不一樣。尤其在探討容易隱藏起來的女性貧窮時，必須基於社會排除的概念，建立涵蓋過去與未來的生存難度、工作難度的指標。

透過採用社會排除的觀點，過去看不見的問題便會清楚浮現，也能揭露貧窮一詞無法概括完全、纏繞著綜合問題的狀況。「住在家裡是貧窮嗎？」「『貧充』是貧窮嗎？」等問題也能迎刃而解了，不是嗎？

勞動的包容與脫離

年輕單身女性嚴酷的處境並非能輕易解決的問題。雖然無法開出一張萬能的處方箋，但我想盡可能地從改變社會結構與社會政策等宏觀面，與當事者和我們能做到的微觀角度來思考。

首先是關於雇用。

假設現在男性一般勞工的工資爲一〇〇，女性一般勞工的工資則爲七〇・九，女性短時勞工的工資只有五〇．五（厚生勞動省二〇一二年「工資結構基本統計調查」）。縮小這段男女的薪資差別應該是緊要的課題吧。

如果非典型雇用者與無業的人能夠從事穩定的工作，取得足以生活的工資的話，便能解決物質貧窮的問題。然而現實是，雇用穩定的工作大都附帶與學經歷、年齡相關的必要條件，不容易就任。尤其是低學歷的女性光是這樣就處於不利的狀況。

儘管可能有點異想天開，但我覺得應該刪除公司招募時的學歷必要條件。在邁向服務經濟時代中，對年輕女性有高需求的是銷售與接待等工作。接待需要的不是教室裡學到的知識，而是是否好交談、容易親近，以及隨機應變等能力不是嗎？話雖如此，由於銷售與接待工作的非典型雇用率極高，還是會有其餘問題吧。

此外，有些時候應該也可以透過考取證照或是教育訓練，掃除工作經歷等不利條件。然而，一旦過著貧窮拮据的生活，便很難抽出時間與金錢。

7社會排除（social exclusion），指的是在由社會制度和價值所架構的社會標準中，某些個人及團體被有系統地排除於能使他們自主的地位之外。

日本現在設有求職者協助制度，讓沒有就業保險受薪資格的失業者能夠免費接受職業訓練。相較於正職員工，非典型雇用者較少有員工培訓一類的機會，接受教育訓練時也必須自掏腰包。我們是否能提供公家協助，讓即使是非典型雇用的勞工也能接受教育訓練，累積經驗呢？

話雖如此，如同本書一路所看到的現狀，不能說只要成爲正職員工就能解決問題了。也有人是因爲正職的長時間勞動與嚴苛環境下工作的經驗，故意選擇非典型雇用職的。此外，我也不太認爲非典型雇用率今後會下降。

或許，打造一種讓非典型雇用者足以獨立生活的工作方式，而非以正式雇用爲目標才是更實際的做法。爲此，首個必要條件就是同工同酬。此外，爲了身兼數職的非正規工作女性與自營業者，年金必須單一化，社會保險應以個人爲單位好消除因家庭型態而生的不公。再者，應該也得爲不容易接受健康檢查的非正規或無業女性創造機會吧。

施行「職業女性熱線」的「全國職業女性中心」第二負責人伊藤翠，長年傾聽眾多女性關於工作的煩惱，爲解決女性工作問題而奔走。

「雖然可能會讓人說是極端意見，但我們最近正在主張『用一週三天勞動活下去』！」

男女雇用機會均等法施行後，廢除了女性保護規定，讓女性勞動時間與男性同等的配合規章緩緩發展，長時間勞動逐漸蔓延。

「一九九九年，以取消女性深夜勞動規定的這一年爲界，雇用環境急速破壞，生病的勞工驟增。成爲正職已經不是正確解答，應該將觀點配合『脫離與男性並駕齊驅工作』這件事。」伊藤翠說。

尤其是女性，有很高比例是因爲育兒、照護等原因選擇有限制的工作方式。

「人類會疲憊，會休息，會生病，也有不想工作的時候。能夠讓這樣活生生的人類不勉強地工作，才是尊嚴勞動，不是嗎？」

在我們朝著「只要有意願，人人都能靠工作自給自足」的社會前進的同時，也必須創造一個即使工作上遇到困難也不會感到不安或愧疚、能夠生存下去的社會。

家庭的包容與脫離

日本是家庭包容力堅固的國家，然而，對女性而言，這也有可能成爲一把雙面刃。日本社會根深柢固的價值觀認爲，經濟無法獨立的年輕單身女性應該依賴家人。因此，有不少人即使待在家中如坐針氈，依舊無法離開。

工作不穩定下，對於每個月要繳房租和電費瓦斯費、維持一個人生活感到不安，是很自然的事吧？都市區不論房租還是初期費用都相當高，也有人表示，因爲缺乏單獨生活的經驗而沒有獨居的自信。

我們認識了即使和家人的關係惡劣到極點、卻「因爲只有這個選擇」一直忍耐的人。而家人擔憂女兒未來的心情，也有可能變成嚴厲的話語和態度。

我們也看見進一步處在家人嚴重暴力下的處境。抱著必死決心奔出家門的女性，在公園生活或是住到路上認識的男性家裡，經歷實質的遊民狀態。儘管她們都透過支援團體的幫助，申請了低收入戶生活補助，成功離開家庭，但應該也有被當作「未婚女兒離家出走」而遭到送回原生家庭的案例吧。

此外，工作不穩定的女性離開原生家庭時，只能依賴低收入戶生活補助制度的事實也浮現出來。這點從獨自生活的女性一失去工作便會陷入貧窮、不得不接受低收入戶生活補助的狀況來看，也很清楚。即使脫離了低收入戶生活補助，也會一直擔心自己會不會又因爲一些小事而變回貧窮。面對看不見希望的未來，不安形成精神上的壓力，憂鬱狀態一直沒有改善的個案也不少。

假設她們能利用房租補助或是無息貸款、公共住宅等制度的話，應該就可以不用接受低收入戶生活補助了。然而現狀是，都營住宅等公共住宅中，除了六十歲以上的高齡或身心障礙者外，幾乎沒有單身者能夠入住的物件。

二〇一五年四月，生活貧窮者自立協助法施行，只要符合條件便能接受住宅津貼。然而，能夠獲取住宅津貼的期間有限，一直從事不穩定工作的人不太可能於期間內找到條件好的正職工作，很多時候無法解決根本問題。

此外，在意外時刻可以投奔的庇護所和女性保護設施的角色也很重要。雖然庇護所等設施容易讓人以爲是遭到丈夫家暴的女性所利用的地方，但只要是女性，任何人都可以利用——我們也必須將這樣的資訊推廣出去吧。

一個人生活的女性經常對能否一直維持現有的生活感到不安。儘管如此，與住在家裡煩惱家人關係的女性相比，感覺對生活整體的滿足度更高。

也有一些女性是脫離家人的詛咒終於可以安心生活。

話雖如此，我並不是覺得無論如何都「應該獨立」、「應該自立」。

有些人會覺得「一把年紀了沒有結婚，待在家裡很丟臉」。然而，這只是因為受到日本獨有的家庭包容規則，也就是童年時期應該包含在父親之下，達到一定年齡後則應該在丈夫之下——這種「男性養家模式」的規則所束縛，不是嗎？

也有人認為如果和家人關係良好的話，不需要勉強離開原生家庭。不同於單身者有很高比例和父母同住的日本，在歐美，離開父母一直被視為一個成熟大人的條件。然而，由於近年來歐美國家年輕人的雇用情況也很嚴峻，據說也有越來越多年輕人離家獨立後又回到原生家庭。關閉又張開接受孩子的家庭模樣被稱為「手風琴家庭」。

住在原生家庭裡的單身女性中，有人是受到父母拜託家事或照護等工作，也有不少人以同居為家庭戰略而成功。

不過，必須先聲明，「手風琴家庭」只限於家庭擁有彈性的經濟能力、家人關係良好的場合。

雖然「應該離家」與「應該留在家裡」乍看之下像是相反的想法，但其根本是一樣的。那就是無論任何情況都應該以當事者的希望為優先，從基於「男性養家模式」的日本家庭包容規則中解放。

最近，政府爲三代同堂的家庭創設了減稅措施做爲少子化對策。就像配偶免稅這件事一樣，在日本和怎樣屬性的人住在一起，至今似乎還是非常重要。

然而，如果有任何人想離開家庭生活，就該有支持這種生活方式的機制，我們的社會，應該是一個無論和誰生活，制度上都不會不利，不會覺得生活困難、有罪惡感的社會。

「男性養家模式」崩毀與意識落差

婚前的女性應該依賴父親、婚後依賴丈夫、丈夫過世後則依賴兒子的這種「男性養家模式」，由於終身雇用制崩毀與非典型雇用的擴大，已是風中殘燭。

追根究柢，男性長時間勞動，女性擔任家事、育兒、照護等再生產勞動的「男性養家模式」中，能夠貫徹「全職主婦」的，只限「家庭經濟支柱」是高收入正職員工的女性。

從申報配偶免稅的女性比例來看，丈夫年收入越高的女性越多人申請免稅，也是件很諷刺的事。也就是說，我們可以很明顯地看出，家庭年收入越低的族群無法倚靠「男性養家模式」——意即男性單方面工作來維持生活，妻子也得要工作。

由於貧富差距益發擴大以及貧窮擴張，以青年族群爲首，不得已而從事不穩定工作的男性逐漸增加。最近，雖然有越來越多年輕女性希望成爲全職主婦，但那是一種對於已經不再是誰都能輕易當上「全職主婦」的羨慕吧？

許多應該成爲丈夫的青年族群屬於非典型雇用，即便是正職，也不太能看到加薪的希望。這種狀況下，單身高齡女性無法仰賴也不想仰賴兒子。在越來越多人未婚、晚婚的時代裡，父親立足的資產很可能已經消失。

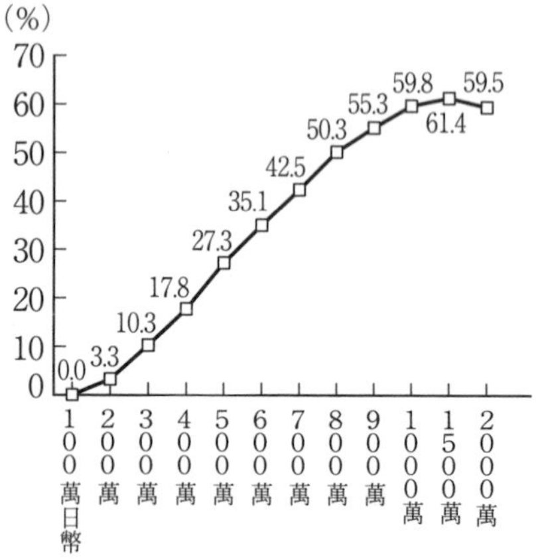

（註）「扣除公司預扣所得稅額後工作一年受薪者」總數中適用配偶免稅者的比例。
資料來源：內閣府性別平等局《平成 24 年（2012 年）性別平等白皮書》。

圖終 -1　適用配偶免稅者的比例——按薪資級別分

然而，即使如此，人類的價值觀似乎不是能輕易改變的東西。

儘管我一直寫說女性貧窮難以被看見，但也有不少狀況是當事人和其家人並沒有意識到風險。例如大學畢業後一直在各種打工中流轉的女性，說自己在家裡的生活沒有什麼不自由，對現狀感到滿足；或是高中肄業後繭居在家好幾年的女性並不擔心生活，也說家人沒有任何抱怨。

考量到在所謂血汗企業工作，身心都變得殘破不堪的話，這樣的選擇或許好多了，也很有機會就跟能成爲「經濟支柱」的男性結婚，走上與貧窮和生存困難無緣的人生。

然而，如果可以「王子和公主從此過著幸福快樂的日子。全劇終」的話就好了，但沒有任何保證那樣的日子會持續下去。

大家常說女性有多元選擇。橘木俊詔在前述的《女女差距》後記中寫道：「女性比男性有更多機會在人生的各個階段面對選擇。」橘木俊詔所謂的選擇指的是要不要結婚、要不要成爲全職主婦、要不要有小孩、要做全職還是兼職工作。然後以「由於女性更能夠過著選擇多元的彈性人生，順利的話，那將會是比男性更滿足的人生不是嗎？」作結。

然而，我認爲這種「多元選擇」的想法背後，應該還有另一層意思吧？說到底，選擇多也是以「結婚」或是「將來應該會結婚」爲前提。況且，這裡的結婚是男性擔任主要經濟支柱的婚姻，否則就無法選擇全職主婦或兼職工作了。

由於選擇多元，人們一直說「女性很輕鬆」，女性自己也對此深信不疑。

另一方面，情況越艱困的女性，「選擇」越少。學歷低的話就只能從事非正規職，沒有

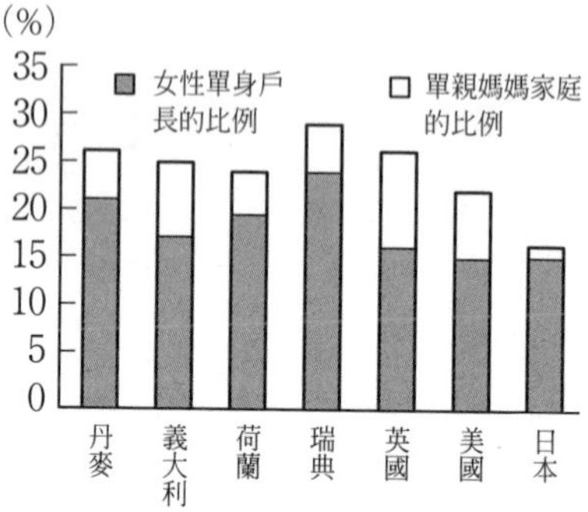

資料來源：丸山里美〈看女性遊民問題〉，載於小杉、宮本編著《底層化的女性們》。

圖終 -2 先進國家總戶數中女性為戶長的比例

丈夫就得全職工作等，另外，隨著年齡增長便會發現，從前以爲是無限的「選擇」原來是有限的——雖然想繼續工作，但丈夫不幫忙帶小孩而不得不辭職、想結婚生子卻沒有對象等等。

我認爲女性要脫離貧窮的其中一個方法，便是拋棄這種「選擇多元」的看法，也就是以結婚爲前提的意識，然後配備身爲「戶長」的意識。這點已婚女性也一樣。當然，不只是意識，國家的稅制與社會保障等以家庭爲單位的制度，也必須變成以個人爲單位。

如同我這一路所寫的，由於貧窮率也是以家庭收入來衡量，只要不是一個人生活，女性的貧窮就不會被看到。爲了讓大家看見隱藏在家庭裡就連貧窮也不會獲得承認的女性狀況，「戶長」意識可以說是最重要的第一步。

超越貧窮女子

關於將本書的書名取爲「貧窮女子」（繁體中文版改爲「瀕窮女子」）這件事，我一直很猶豫。不是因爲「住在家裡是否是貧窮」的爭議，而是因爲一旦使用「貧窮」這個詞，一開始便會根據可支配所得的多寡有了客觀的「挑選」了。然而，我認爲女性的貧窮難以掌握，正可能因爲使用「貧窮」這個詞而排除了周邊的族群。

許多像我在第二章介紹的，爲無業女性舉辦協助就業講座的團體在招募對象時，會用「爲工作困難、生活困難而煩惱的女性」這樣的詞語。他們或許是想藉由使用「工作困難、生活困難」這樣的標語，挖掘僅僅「貧窮」所看不見的隱性困難族群吧。

我一直摸索著，想在本書中以社會結構的問題描述這些面臨工作困難、生活困難的女性現狀。

就職冰河期造成的就業困難、雇用非正規化、過度勞動的蔓延，與因爲這些狀況不得不依賴家庭所引起的問題等等——「雇用」與「家庭」的包容已經到達極限。女性應該也對工作困難、生活困難背後存在的這些問題有所自覺吧。

此外，本書也指出年輕女性受到逼迫的背景，是日本舉國的少子化對策與女性活躍推動。

一直以來，只要從家裡踏出一步便有極高風險陷入貧窮的狀況沒有任何改變，然而現代年輕女性卻在「一億總活躍」的呼聲下，被期待「工作和生兒育女」。

國家政策影響到個人價值觀和結婚、生子等私人領域——或許也有人覺得這樣的想法是杞人憂天。當然也有些女性不管社會怎麼樣，自己都會選擇走在「單身女王」的道路上。

但，許多我訪問的年輕單身女性，並不是自己積極選擇了非正規／單身／沒有小孩這樣的狀態。這點從她們談話裡經常提到對結婚生子的壓力、將來的不安，以及對社會沒有貢獻的焦躁感，便能清楚察知。

責備無法「工作和生兒育女」的自己，為此消沉，不同於源自雇用和家庭關係、有自覺的生活困難，那是一種「宛如空氣般存在的生活困難」。

對社會感到這種宛如空氣般存在的生活困難，也不只是年輕女性吧？

現今這個世界，在經濟上（工作納稅）、社會上（生兒育女、負責照護等工作）不活躍（報效國家）的人，會被貼上「沒用」的標籤，只能保持沉默。即使想因此說出：「我會這麼辛苦都是社會的錯！」大概也會立刻遭到群起攻擊吧。

在貧富差距與分裂不斷擴大的同時，貧窮問題也聚集了眾人的焦點。尤其是這幾年，政府最積極處理的便是兒童貧窮的對策。另一方面，對於容易被視爲「自己的責任」的成人貧窮，則有嚴格對待的傾向。例如，有些鄉鎮市區制定嚴格的條例管制低收入戶生活補助的用途，以篩選申請人是否爲「應該拯救的窮人」。

在第三章中，我寫了一名因爲面臨職場霸凌和壓力而罹患憂鬱症、轉換職位後利用企業身心障礙者名額就職、最後終於能夠穩定工作的女性故事。她不過是因爲成爲「應該拯救的弱者」，才終於從「自己的責任」論點中解放出來。

未獲得承認是「應該拯救的窮人、弱者」，就會被烙上「沒用」的記號，被迫持續沒有終點的努力。

然而，這個所謂「應該拯救的窮人、弱者」的價値觀卻非常脆弱、容易改變。

再者，是否値得救援還要受到眾人的監視。舉個具體的例子，人們看到電視上播出的貧窮狀態時，會一一檢察對方的物品說：「有○○所以不算貧窮。」或是批評對方明明拿低收入戶生活補助卻「怎麼可以╳╳那個樣子」，有時帶頭抨擊的甚至是政治人物。

爲了成爲「應該拯救的窮人、弱者」，必須一直低聲下氣，搖尾乞憐。然而，不用搬出主張「健康而有文化的最低生活」的憲法第二十五條，任誰都有生存的權利。救濟處境艱難者不是憐憫，也不是其他什麼原因，而是國家當然的義務。

現在這個社會，到底對誰而言是容易生存的社會呢？爲別人貼上「沒用」標籤，發出批判攻擊的人，不禁讓人覺得他也感受到了生活的困難。

本書反覆描寫了因過度勞動而疲乏的人們，以及霸凌與騷擾橫行的職場。工作到身心殘破不堪、不發揮到過剩程度就不能獲得承認的社會——那是無論再怎麼優秀的人都可能輕易落後的社會。或許批評者就是把每天過著這種日子的疲憊與抑鬱，轉爲對他人的攻擊吧。

然而，無論是穩定的工作有限還是青年就業艱難，都不是個人努力不足，而是社會結構的問題。我們的國家爲了改善這樣的狀況到底做了什麼呢？

可以想像，政府將來會繼續以少子化對策與推動女性活躍之名，推出各式各樣的政策，然而，在正職員工薪水創下最高紀錄的背後，受雇者中非典型雇用者的占比也創下了最高紀錄。前文也已經寫過，女性活躍促進法成立的那年，勞工派遣法也修正爲雇主可以無限期使用派遣工。

我們不能忘記，於一方爲福音的政策，也可能在另一方成爲擴大分裂、僵化差距的工具。

本書最後以「貧窮女子」來命名，是因爲我覺得還是得先一開始讓大家看見「連貧窮都沒資格的女性」才行。同時，也讓「宛如空氣般存在的生活困難」得以被看見。明明沒有滿意的工作、明明沒有好好納稅、明明沒結婚、明明沒小孩……不可以被這種「宛如空氣般存在的生活困難」，與覺得是自己責任的迴圈所控制。

在烏雲籠罩中追求一線曙光——因爲我們不能放棄追求一個任誰都不會感到生活困難的社會。

後記

從開始採訪，希望揭露過去很少受到關注的年輕女性貧窮問題，至今已經過了四年。

這段期間，市面上出版了好幾本以「貧窮女子」爲題的書籍，網路上「貧窮女子」的報導更像「例行內容」一樣氾濫。

報導中，栩栩如生地描繪了女性的外觀（衣服、服裝品牌、髮型、化妝方式等等），很多也巨細靡遺地交代了她們過去的男性交往史。有時候，服裝和一點小動作可以給予我們了解對方的重要線索，然而，這些媒體在報導貧窮男性時有那麼細微地描寫他們的外觀嗎？有訪問他們曾經交往過女友的細節嗎？

如本書前文所寫的，訪問越多「貧窮女子」，便越覺得她們難以捉摸，難以研究。離家出走在街頭徬徨，每個夜晚去認識的男性家裡的十幾歲少女、爲了賺大學學費在外送茶上班的明星大學學生、因爲懷孕和剛生完孩子沒有地方雇用自己而在專門的孕婦風俗場所工作的單親媽媽──許多女性的經驗都很衝擊。然而，越是令人震驚的內容越像是障眼法般，令人看不清背後的貧窮問題。

媒體討論的「女性貧窮」也有許多令人訝異的內容。這在引起注意上或許是個有效的手法，但一個故事越有衝擊力，「女性貧窮」便越被視爲特殊事件，流於個案所發生的問題。

再則，拒絕上學後繭居家中十年以上的女性，和反覆賺取勉勉強強生活費、持續一個人生活的女性派遣工身上，或許沒有戲劇化的故事，也有些女性從來沒和男性交往過。這些平凡的貧窮女子的聲音幾乎沒被傳達出來，即使是本書，大概也沒辦法說已經蒐集齊全。

我們不能忘記，於本書登場的女性背後，還存在著無數連出聲能力都沒有的女性。無論任何時刻，我們都需要有對「現在不在這裡的人」的想像力。

爲了認識受訪的女性，我受到了各方的照顧——「inclusion net 神奈川」、「with you 埼玉」、「橫濱市性別平等推廣協會」、「首都圈青年工會」、「東京都高中肄業者調查小組」與其他人等。此外，衷心感謝給予我連載機會的《婦人公論》工藤尙彥編輯、從企劃階段就給予我許多照顧的前岩波書店山川良子編輯、長時間麻煩她卻總是用一顆包容的心接受我的岩波書店上田麻里編輯。

希望爲處境艱苦的人們發聲，是這樣的心情帶領我走到這裡。然而，在訪問的過程裡，我經常感同身受地覺得「果然是這樣對吧」、「我以前也是這麼想」，因此受到許多鼓勵。我這才發現，原來她們的聲音替我說出了自己一直以來感受到的生活困難。

沒有這些女性的聲音，本書便無法完成。在一面回想一個個願意向我分享自身經驗的女性，一面心懷感謝下，讓我就此擱筆。

二〇一六年八月

飯島裕子

國家圖書館出版品預行編目資料

瀕窮女子 : 正在家庭、職場、社會窮忙的女性 / 飯島裕子
著 ; 洪于琇譯 . -- 初版 . -- 臺北市 : 大塊文化 , 2020.03
面 ; 公分 . -- (mark ; 153)
譯自 : ルポ貧困女子
ISBN 978-986-5406-54-7(平裝)

1. 女性 2. 貧窮 3. 日本

544.5931 108023258

LOCUS

LOCUS